京大人文研東方学叢書 6

目録学の誕生

劉向が生んだ書物文化

古勝隆一 著

臨川書店

目次

主要資料・参考文献一覧／あとがき
図版出典一覧／関連年表／索引

はじめに

書物をぬきにして中国文化を語ることは、なかなかできない。その長い歴史の中で、綿々と書き続けられ、編輯され、伝承されてきた厖大な書物、すなわち漢籍が、中国文化の何たるかを雄弁に語る。もちろんその一方で、美術品や表現芸術、または食文化を含む生活文化も、中国の伝統文化の重要な側面であることは言うまでもないが、それらだけを通して歴史を描くことは難しい。多くの漢籍が、それらの文化の諸相を網の目のように含み込んで、複雑な歴史の様相を織りなし、現在へとつながる中国の伝統的な文化を我々の眼前に示してくれる。

中国文化を伝える器としての書物に、それなりの意義があるとすれば――少なくとも東アジアにおいては伝統的に意義があると考えられてきたのであるが――、それら書物自体が関心の対象となり得る。それらはどのように書かれ、どのように整理され、系統立てられ、伝承されてきたのであろうか。そういった様々な問いに答えを与え、枠組みを形作るべく、「書物の学」が独立した学問として門戸を構えるにいたった。それが「目録学」である。

『広辞苑』（第七版）は、「目録学」を説いて次のようにいう。「中国で、書目に関する学問をいい、書籍の類別・部類・版刻などを研究する。前漢の劉向《りゅうきょう》に始まるという」、と。

簡にして要を得た適切な説明であるが、ここに「中国で」、という限定がついているのが面白い。文字のあるところには書物があり、書物があるところには書物の目録（すなわち書目）がある場合も少なくない。つまり文字を有するほとんどあらゆる文化には、何らかの意味で書目——複数の書物のリスト——が存在するはずだが、それが「学」をなして今に伝えているのは、中国文化（およびその影響下にある諸文化）のみであると言ってもよい。本書においては、この目録学を取り上げる。

さて、先ほど引用した『広辞苑』には、目録学が「前漢の劉向に始まるという」とも説かれていた。私はこの見解にも賛同する。本書にて詳しく説明する通り、前漢時代の終わり頃、劉向という漢の皇室の血統に連なる人物が、大規模な図書事業を行い、それが目録学の始まりとみなされているのだが、もしその事業がなかったならば、中国において目録学が成立したものかどうか。少なくとも、いま知られるような充実した独立の学とはなっていなかったのではないかと想像される。それほどまでに劉向の出現は中国の書物史に大きな影響を与えた。本書では劉向について多く語るが、それは、その人の学問的な成果が巨大であったことの反映とご理解いただきたい。

後述することではあるが、劉向は、その息子の劉歆《りゅうきん》らとともに、漢の皇室図書館の蔵書整理を行った。そういう意味で、その事業は劉向一人の仕事ではなかった。そのため目録学においては、劉向と劉歆とを合わせて「劉向父子」と呼んだり「二劉《にりゅう》」と呼んだりする。本書でも適宜、それらの呼称を用いることとする。

しかしながら、目録学とはどのような学問なのだろうか。すでに内藤湖南《こなん》氏、倉石武四郎氏、井波陵一氏などに優れた概説書があるとはいえ、広く知られているとは言いがたい。そこで本書の序章においいては、まず目録学の基本的な考え方を示しておきたい。目録学が一個の学問を称している以上、単なる羅列や整理に終始するものでなく、そこには理念があった。

その目録学の始祖とされる二劉は、いったい何を成し遂げ、何を書いたのか、日本の読書人にはそれほど知られたことではあるまい。それゆえ、第一章においては彼らの学問が何を伝えようとするものであったのかを取り上げたい。そこには「学」と「術」とをあわせた、学術の世界が横たわっている。

劉向は前漢時代の終わり頃に生きた人であるが、しかしその学問には、前代から継承した面があった。たとえば『荀子』や『荘子』といった先秦諸子の書には、他学派を包括的に論じた部分があり、また司馬遷の父、司馬談には「六家の要指」という学問論があり、それが『史記』太史公自序に見えている。こういったすべてを引き継いで、劉向らの学問観は形成された。第二章では、それら「目録学の前史」とも呼びうるものを紹介したい。

劉向らの校書は、宮中の図書館に存在した「秘書」と称される書物、すなわち前漢の歴代皇帝の私的なコレクションを整理したものであり、言うまでもなく当時の皇帝たちの学問観と密接な関わりがある。また、当時の社会一般の学問観や書物観とも無関係ではない。それゆえ、第三章では前漢時代の学問観、特に儒教の展開を取り上げる。

本書では劉向とその子の劉歆に焦点を当てるが、彼らは特殊な背景を有する家族であった。漢の皇室に連なる一族だったのである。その彼らが、如何なる経緯で「秘書」という特殊な蔵書の整理を担うことになったのか。また、校書を含め、彼らの行ったあらゆる事業は、すべて中央の権力との関係において実施されたのだが、それを知るために、彼らの家族的な背景を考察する必要がある。そこで第四章では、劉向の祖先である劉交から劉歆にまでいたる一家の歴史を述べる。

劉向・劉歆らの校書は無事に完成し、偉大な成果を生み出した。それは、『別録』『七略』という二つの書物に結晶した。しかし、これらの重要な業績は残念なことに亡びてしまい、後漢の班固が書いた歴史書、『漢書』の一篇である「芸文志《げいもんし》」から、『七略』の内容がかろうじてうかがえるに過ぎない。第五章においては、両書が成立し、失われ、さらに輯佚《しゅういつ》という作業を通じて断片が集められ、いま目録学者にとっての重要な資料となっていることに触れる。

ただ、劉向らが行った校書の実態については、史料の不足のため、十全には知られていない。しかし不十分ながらも、劉向・劉歆以外に誰がその作業にたずさわったのか、それはどこで行なわれたのか、いつからいつまで事業が続けられたのかなど、校書にまつわる様々な問題についてまったく考える手がかりがないというわけでもない。第六章では、校書の具体相を追いたい。

そのような実務を経て完成された、二劉らの校書の成果が上述の『別録』『七略』であるが、両書が後世の学者たちから最大限の尊重を受け続けてきた理由は、そこで設定された六分類からなる図書分類の優秀さにあり、この分類は、後世の目録学にきわめて大きな影響を与えた。そこで第七章では彼らの図書分類について説明する。

しかし二劉らの作った六分類が、後の時代にもそのまま用いられたというわけでなく、そこには発展的な継承があった。また、彼らが整理した書物自体が後世、十全に伝えられたというわけでもない。劉向らの校書は、受け継がれた面、そして受け継がれなかった面、そのどちらもあるというのが真相に近い。第八章では劉氏校書の影響力を論じてみたい。

劉向らの校書は確かに偉大な事業であったが、後世の人は、それをそのままおし頂いて保存してきたというわけではない。劉向らの意図を汲みとり、中国の書物文化をより発展させ、よいものにしようという、「劉向再発見」とも呼ぶべき創造的な読み込み、解釈がなされてきた。それは目録学の発展の歩みそのものであったといってもよい。第九章では歴代の優れた目録学者のうち、宋の鄭樵《ていしょう》、清の章学誠《しょうがくせい》、中華民国の余嘉錫《よかしゃく》という三名の目録学者を取り上げ、彼らの「読み」が目録学を如何に深化させたのか、それを考えてみたい。

目録学は、文献を取り扱う専門性も有するが、単に瑣末なだけの分野ではない。大づかみに学問の歴史を把握し、整理し、それを目録というかたちで読者の眼前に示す。どれほど多くの書物が存在しようとも、理屈を重んじてそれらを分類してゆき、さらには学問を過去から未来へとつないでゆこうという意志を抱くものである。

歴史的な文脈のもと、我が国の文化は多大なる漢籍の影響を受けてきた。劉向という人物が何を考え、中国史上にのこる漢籍整理を行ったのか、そのいくつかの側面を伝えたい。

しかし翻って考えてみると、そもそも人間にとって書物とはいったい何なのであろうか。人間が生きる上で必須のものなのだろうか。ましてや我々日本人にとっては外国の書物である漢籍を読むことの意味はどこにあるのだろうか。目録学という書物の学も、そのような問いにはなかなか答えてくれない。

簡単に答えが出るものでもないが、本書の終章では少しだけそのようなことにも思いをめぐらせてみることにする。

序章　目録と目録学

第一節　校書と分類の関係

目録学とは、書物の目録を作り、そして書物を研究するための基礎的な学問であるが、この学問の始まりは、前漢もそろそろ終わりに近づいた河平三年（前二六）、成帝の命を受けて劉向らが行った、禁中の大規模な蔵書整理の結果作られた目録、『別録』『七略』にあるとされる。

校書《こうしょ》とは、何か。ある書物について、伝本と伝本とを比べあわせて、どのような本文が正しいのかを考え、定本――穏当と考えられる本文――を作る、学術行為である。たとえば『孝経』という書物があるが、前漢時代にはその『孝経』の伝本として、長孫氏・江氏・后氏・翼氏の四家が伝えたテクストが、それぞれ存在したらしい（『漢書』芸文志《げいもんし》の注）。劉向らはおそらくこの四種の伝本を比較検討し、文字の異同を調べて、最善と考えられる定本を作成した。劉向・劉歆らは、禁中の蔵書楼にあったすべての書物について、この校書を行ったのである。当時、書物のテクストは後世のテクスト以上に内容が流動的で、テクスト間の差異が大きかったので、相当に時間と手間のかかる作業であったに違いない。

ひとつの書物を校書するたびに、皇帝にその書物を推薦する「序録」（叙録・書録ともいう）という文が書かれ、当該の書物の冒頭に付け加えられた（池田秀三氏の論文「「序在書後」説の再検討」、一四七頁による）。後にそれらの序録を集めて『別録』という解題集が作られた。なお後で見る通り、劉向は「校讐《こうしゅう》」という言葉を序録のなかで使っているが（一九頁を参照）、その校讐と校書とは内容的に言って同じものと考えられる。

そしてこの校書の成果を踏まえて、書目が作成された。その成果が劉歆『七略』である。この目録は、書物の分類についてきわめてきめ細かい配慮をしており、同書を継承して作られた『漢書』芸文志は、先秦から前漢にかけての書物と学術を知る上で不可欠の目録とされる。

しかも『七略』には、それぞれの分類について詳しい「序」が数多く付けられており、この序文を読むことで、書物のことばかりでなく、その書物が生み出された学術上の背景まで分かるのである。

このように、劉向らのなしたことについて観察すると、校書がまず先にあり、分類と目録の編成が後に行われた。後世の目録学者たちは、この劉向らの事業に範をとって学問を深めたので、目録学は単なる書目編纂の学ではなく、学術史的な内容にまで踏み込むものとして発展を遂げたのである。

第二節　目録と書目

さて、本書では「目録学」という言葉を用いて、中国の書物を研究するひとつの学問を指しているが、一般に言うと、「目録」という語は、書物の目録——すなわち書目——ばかりではなく、物品の目録など、様々なリストを示し得る。それは、今の日本語に即してもそうであるが、昔の中国においてもそうであった。つまり、複数の物を列記して一覧できる形に書き記す場合には、目録の形式が古くから用いられてきたのであった。

古代中国の物品目録として、「遣策《けんさく》」というものがある。これは、古代の人が墓に収納する副葬品の一覧を記したものである。古い礼のしきたりを伝える『儀礼《ぎらい》』という儒教経典にもそのことが見えている。すなわち、士の喪礼を記述した「既夕礼」の篇に、次のようにいう。

賵《ぼう》を方《ほう》に書す、若《も》しくは九、若しくは七、若しくは五。遣を策に書す。（喪礼で贈られた物品を木版に書きつける。九行書きか、七行書きか、五行書き。副葬品は簡策に書く。）

これは、死者に対して知人等から贈られた物品「賵」については、数行に分けて木版「方」に書きつけるが、一方、墓に収める副葬品「遣」については何本もの竹簡をつづり合わせた簡策「策」に書きつける、ということらしい。後者を「遣策」と呼ぶ。このように別々の書写材料に書くわけは、唐代の注釈家、賈公彦《かこうげん》によれば、贈り物はそれほど多くないが、一方、副葬する物品は、明器《めいき》（副葬用のミニチュアの類）や亡くなった人の愛用品など、かなり多数に及び「方」には書ききれないため、より多くの内容を記載できる簡策に書いたものという。「遣」の語義は、「送（送る）」に近い、と後漢の鄭玄《じょうげん》はいっており、とすると、死者とともにあの世に送り届ける物品を書きつけた簡策だから「遣策」と呼ぶのであろう。

その遣策、『儀礼』に見えはするものの、春秋戦国時代、もしくは秦漢時代の実物はながらく知られていなかった。しかし、前世紀以来、考古学の進展によって漢代の墓が多数発掘されるようになり、そういった墓から遣策もまた少なからず出土している。遣策には、たとえば「何、一本」などのように、物の名称、数量（数とそれを数える単位）を具えて、一条ごとに記載されているものが多い。湖南省長沙から出土した馬王堆《ばおうたい》漢墓の例を示してみよう。

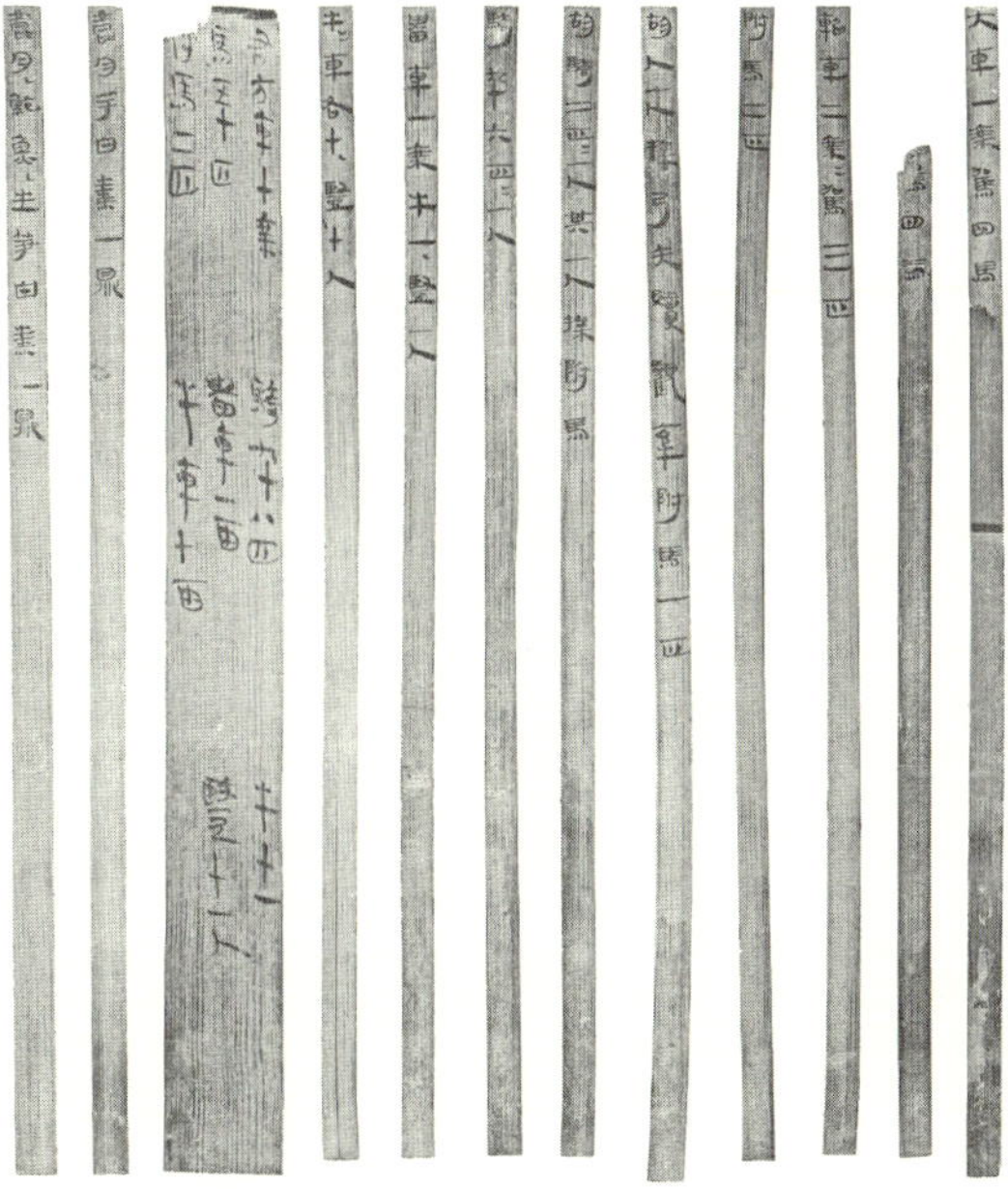

六四　六五　六六　六七　六八　六九　七〇　七一　七二　七三　七四　七五

図1　馬王堆漢墓の遣策

安車一乗、駕六馬。
大車一乗、駕六馬。
温車二乗、乗駕六馬。
輬車一乗、乗駕六馬。
大車一乗、駕四馬。
□駕四馬。
軺車二乗、乗駕三匹。
附馬二匹。
胡人一人、操弓矢、贖観、率附馬一匹。
胡騎二匹、匹一人、其一人操附馬。
騎九十六匹、匹一人。
輜車一乗、牛一、竪一人。

牛、牛車各十、竪十人。

右方車十乗、馬五十四、附馬二匹、騎九十八匹、輜車一両、牛車十両。牛十一、竪十一人。

（『長沙馬王堆二、三号漢墓』第一巻、田野考古発掘報告、五二～五三頁。三号漢墓の西二三、簡六〇～七三）

物品の名称とその数量が記され、しかもそれぞれが別々の簡に書かれていることが分かる。これが漢代初期における、遣策の書き方であったらしい。

一方、書目の方も同様に、書名と数量（数とそれを数える単位）との記録を箇条書きにした形式をとる。たとえば、現存最古の書目である『漢書』芸文志から、諸子略、儒家の冒頭部分を挙げてみよう。

『晏子』八篇。
『子思』二十三篇。
『曾子』十八篇。

このうち、『晏子《あんし》』『子思《しし》』『曾子《そうし》』というのが書名であり、「八篇」「二十三篇」「十八篇」というのがそれぞれの書物の数量である。「篇」というのは、当時の主たる書写材料であった竹簡を綴り合わせたものを数える単位であるが、一篇はしばしば独立した内容を持っていた。なお、この『漢書』芸文志は、後漢の班固（三二～九二）が著した『漢書』（全百巻）のうちの一巻であるが、その内容は、序文を含め、そのほぼ全文が劉歆『七略』を踏襲したものであることが分かっているので、この体裁は、遅くとも劉歆に遡るものであると考えてよい。

第三節　「校讐」の起源——校正の始まりについての一試論

中国においては古くから、「目録学」は「校讐学《こうしゅうがく》」とも呼ばれた。劉向以来のこの学問のことを目録学と呼ぶのが正しいと主張する学者と、いや校讐学というのが正しいのだと主張する学者がいるが、これはどちらが正しくどちらが誤っているかというような類のものではなく、「書物の分類とその目録法の側面を重視する目録学と、書籍の整理を重視する校讐学と、両者のうち、どちらの呼称がより劉向の学問の核心を言い当てているか」という程度の問題である。先述の通り、劉向はまず「校讐」をしたのであるから、この語についてもここであらかじめ検討しておこう。

校讐とは何か。この語は和文ではあまり使わないが、しかし江戸時代の儒者を紹介した『先哲叢談』には、伊藤長胤《ながつぐ》（伊藤東涯《とうがい》）を紹介して、「先生は門人と校讐討論す」などと見える。日本語の辞書は「読み合わせなどによって文章、文字を比較対照してその誤りを正すこと。校正。校合」（『日本国語大辞典』第二版）などと説明している。現代では、校正というのが最も一般的であろう。

この漢語の歴史を遡ってゆくと、劉向に行き当たる。たとえば、劉向が書いた『管子』の序録に「校讐する所の中《ちゅう》『管子書』（宮中に蔵する『管子』の意）は、三百八十九篇」とある。

また劉向は同じことを「讐校」とも言ったようで、『太平御覧』（巻六一八）に引用されている『劉向別伝』なる書物に、「讐校なる者は、一人 本を持ちて、一人 読析し、怨家の相い対するが若《ごと》し、故に讐と曰う也」とある。

上述のように、劉向たちは、前漢時代における国家的なプロジェクトとして図書の整理を行った。宮中にある蔵書、官公庁にある蔵書はもちろんのこと、全国に使者を派遣して書物を探訪させて蒐集し、それらをすべて劉向らのもとへ送り、整理していった。その際、同一とみなされる書物については、異本の比較、ならびに本文批判が行われ、それを「校讐」と呼んだらしい。面白いのは、先ほどの引用文によると、二人が向かい合い、一人が甲本を持ち、もう一人が乙本を読み上げ、まるで敵同士のように校正をする、ということだ。敵同士だから、復讐の「讐」という語を用いる、という説明になっている。いまでも、印刷物の誤字を見つけたり、テレビのアナウンサーの言い間違いを耳にしたりすると、怒って出版社やテレビ局に電話をかける人がいるそうだが、そのような感じだろうか。

これについては異論もある。たとえば、江辛眉《こうしんび》氏という現代の文献学者は次のようにいう。まるで敵同士のように向き合うなどというのは、いかにも学問にふさわしくない。「讐」には、鳥が鳴き声を交わし合うという意味もあり、応酬の「酬」や、仲間を意味する「俦」と通じる、と（『校讐蒙拾』、一〇～一一頁）。この説が正しければ、「讐」は互いに声をかけあいながら和気藹々と行う共同作業、という程度の意味になろうか。だが、説得力がある説とはあまり思えない。なお江氏は、「校」の方については、罪人の身体を拘束する木製の手枷・足枷の類から派生し、比較の「較」に通じるといっている。

「讐」が校正を意味するようになったのは、劉向らの時代においてではない。漢の前代に当たる秦の時代、すでに「讐」の語が、それ自体単独で校正する意で使われていた証拠がある。それは、秦の始皇帝の時期の法律に関するものであり、湖北省睡虎地《すいこち》から出土した雲夢《うんぼう》睡虎地秦簡の『秦律十八種』のうち「尉雑《いざつ》」の簡一九九に「歳ごとに辟律《へきりつ》を御史に於いて讐す」と見えており、また湖南省里耶《りや》から出土した里耶秦簡に「律令を沅陵《げんりょう》に讐す」とある（『里耶秦簡』六―四簡）。前者の内容は律令の条文そのものであり、後者の内容は行政文書であるらしい。

とすると、秦の時代には、「律令」を毎年一度、「讐」するという法令が規定されており、実行もされていた、ということになる。秦漢史を専攻する台湾の研究者、游逸飛《ゆういつひ》氏によれば、天下を統一した秦において、地図の作成と律令の校讐とは、いずれも帝国の行政を支える重要な基礎であった（「里耶秦簡所見的洞庭郡」）。

となると律令の校正という行為が、早くも秦代において、「讐」の語で呼ばれていたことになる。「讐」が校正を意味する、これ以上に古い用例は見当たらないので、いまのところ、秦の律令の校正が最古の例である。ことによると、それ以前から、一般に文章を校正する意味で「讐」が使われていたものの、資料が残っていないだけだという可能性もある。しかし、そうではなく、秦において律令の校正に関して使われていた文書行政の用語が、書物一般に応用され、それが劉向らの校書にも引き継がれていった、という可能性も考えられる。私は後者を支持する方に傾いている。そうであるとすれば、校「讐」は秦の律令の校正から始まったことになろう。一つの仮説として示しておきたい。

一方で、「校」の語は古くから校勘・校正する意で用いられており、『国語』魯語下の「昔、正考父《せいこうほ》は商の名頌十二篇を周の太師にて校し、「那」を以て首と為す」とあるのが早い例とされる（倪其心《げいきしん》『校勘学大綱』六頁）。ともに校正の意を持つ「校」と「讐」とを合わせて「校讐」と呼ぶようになったものである。

第四節　中国学術の全体像を俯瞰する

アイディア溢れる宋代の学者、鄭樵《ていしょう》（一一〇四～一一六二）は、学問においては「会通《かいつう》」というものが大切だと主張した。

> 百川《ひゃくせん》は各々その流れの方角はちがっても結局は海に会するので、それでこそ九州は水浸しになる心配はなし、万国はそれぞれそこへたどりつく途はちがってみな中国に通じてくるので、それでこそ八荒《はっこう》につかえ滞る心配はない。会通の意義はきわめて大きいといわねばならぬ（『通志』訳文は、増井経夫『中国史』、一〇五頁）。

海がすべての河川を合するように「会」し、また、すべての道が（ローマならぬ）中国へとつながるように「通」ずる。これが「会通」である。鄭樵によれば、中国文化においてこのような「会通」を行った人物こそ、孔子であり、そして司馬遷であった。孔子は、「『書』を纂《さん》（編纂）し『詩』を刪《けず》り、礼を綴り楽《がく》を正し、『大易』を彖系《たんけい》し（注釈をつけ）、史に因りて（『春秋』の）法を立つ」（『漢書』叙伝下の語）と古くから言われており、つまり、儒教経典をすべて整備したと考えられてきた。また一方の司馬遷は、『史記』を執筆して中国の歴史を綜合的に述べた。儒教を集大成した孔子と、歴史を集大成した司馬遷、この二人の巨人の成し遂げたことこそ、鄭樵にとっての「会通」だったわけだ。

そして鄭樵自身も、二百巻もある『通志』という大きな書物を作ることにより、中国文化全体を見通して「会通」しようとした。「臣は今、天下の大学術を総括し、その綱目を箇条にし略と名づけた。この二十略で百代の憲章、学者の能事は尽くされていると思う」（「通志総序」）、と。

増井経夫氏は、この鄭樵の姿勢を「いわば当時の学術の集大成であり、文化の鳥瞰図をなすもの」（『中国史』、一〇五頁）と評した。鄭樵の「会通」が最もはっきりと表現されているのが、『通志』のうち、歴代の図書を目録化した書目の性質を持つ「芸文略」の部分であると考えられる。これは中国の古今の書物を目録にしたものであって、宋の時代に存在した図書の目録ではなく、そこには、当時すでに失われていた書物（佚書《いっしょ》もしくは逸書《いっしょ》という）も含まれていた。そういった佚書も視野に入れ、知の鳥瞰図を描く目的をもって、鄭樵はこの目録を著したのであった。

鄭樵が「会通」と呼んだものは、学術の綜合であり、それを俯瞰的に見ることであったと考えられるが、これは鄭樵や、彼が挙げた孔子・司馬遷ばかりがなしえたことではない。本書の主人公、劉向・劉歆父子も彼らに負けず劣らず、前漢末期において、そのような学術の綜合を行った。劉氏父子がいなければ、鄭樵は決して「芸文略」を書くことも、「会通」することもできなかったはずである。

劉氏父子が、当時の中国の学術を綜合することができたからこそ、中国の学術と書物とは俯瞰的にとらえられるようになり、そこに比較的明瞭な輪郭が与えられた。このことが、「はじめに」において引用した『広辞苑』の「目録学」の定義、「中国で、書目に関する学問をいい、書籍の類別・部類・版刻などを研究する。前漢の劉向に始まるという」というものの一面であるといえる。

複雑で巨大なものを俯瞰すること、鳥瞰することは、実に魅力的なことである。航空写真で大地の様子を眺めれば、低い地面に立っている状態では決して眼にすることのできないものを見ることができる。山脈や河川の位置関係などが一望され、クリアな見通しが得られる。

中国の古典籍は、複雑かつ膨大である。近代の目録学者である余嘉錫《よかしゃく》はかつてこういった、「古今の典籍は豊かなること霞のたちこめる海のごとくであり、蔵すれば家屋を満たし、動かせば牛馬を汗させ、一生かけても読み尽くせぬほどである。初学者がこれに取り組もうとしても、書物の大海に臨んで嘆息し、あきらめて戻ってくるほかはあるまい」、と（邦訳『古書通例』、一一頁）。このような書物群を前にすると、その全体像を俯瞰したいという欲求が人間にはあるようだ。少なくとも、劉氏父子にはそれがあった。

中国の長い歴史の中で、数多くの人々がそれに応じた数多くの著作を書き、それをひとつひとつ把握するのは、余嘉錫が言った通り、有限の命によってしばられている個人には不可能に近いことである。たまたま縁あって読んでみた書物が気に入ることもあるが、それが学術の歴史の中でどのような位置にあるものなのか、それにある程度の見通しを与えてくれるのが目録学である。学術と、その成果である書物とを全体として考え、内容ごとに分類し整理しようとしたのが、劉氏父子であった。

第五節　「儒」の位置

以上、目録というものが物品目録に由来していること、および校讐という行為が秦代にまで遡ること、さらには目録学は学術の歴史を考える性質を持つことを述べたが、もうひとつ、中国の書目を見る上でまず念頭に置く必要があるのが、儒教というものが書目において占めてきた特別な地位である。後述することであるが、劉向・劉歆らの図書分類においても、「六芸《りくげい》」と呼ばれる経典があらゆる書物に君臨し、すべての学術が六芸との関連において把握されるというヒエラルキーが構築された。六芸は、しばらく儒教経典と言い換えてもよいが、もともとは儒家以外の人々にも重んじられた典籍であった（詳しくは、九〇～九四頁を参照）。

現代人である我々が「儒」という文字を見て思い浮かべるのは、孔子が大いに宣揚した儒教のことであろう。劉向の時代において、すでに儒教は大いに尊重されており、『七略』の分類においても、儒教が担ってきた六芸が核心として位置づけられ、それ以外の内容を伝える文献がそれに従属する構造になっているのである。

しかし、逆説的に聞こえるかも知れないが、「儒」という語はもともと儒教の専有物ではなかったのかも知れない。『論語』雍也《ようや》篇に、孔子が子夏に向かって「女《なんじ》は君子儒為れ、小人儒と為る無れ」と言ったと伝えられるが、これが本当に孔子の言葉だとすると、孔子は、「儒」という古くからの語を使いつつ、自分たちの集団も「儒」であるというアイデンティティを形成していたと評価できよう。

なお、『周礼《しゅらい》』という儒教経典は、その成書事情がよく分からない書物ではあるが、その天官冢宰《ちょうさい》に、「九両」（九種の政治の手段）によって民を治めると述べ、「牧」「長」「師」「儒」「宗」「主」「吏」「友」「藪」と並べるが、この第四に「四に曰く儒、道を以て民を得《う》」と見えている。統治のために、ほかの指導者たちと並んで、「儒」という立場の人々も民を指導する、ということのようである。

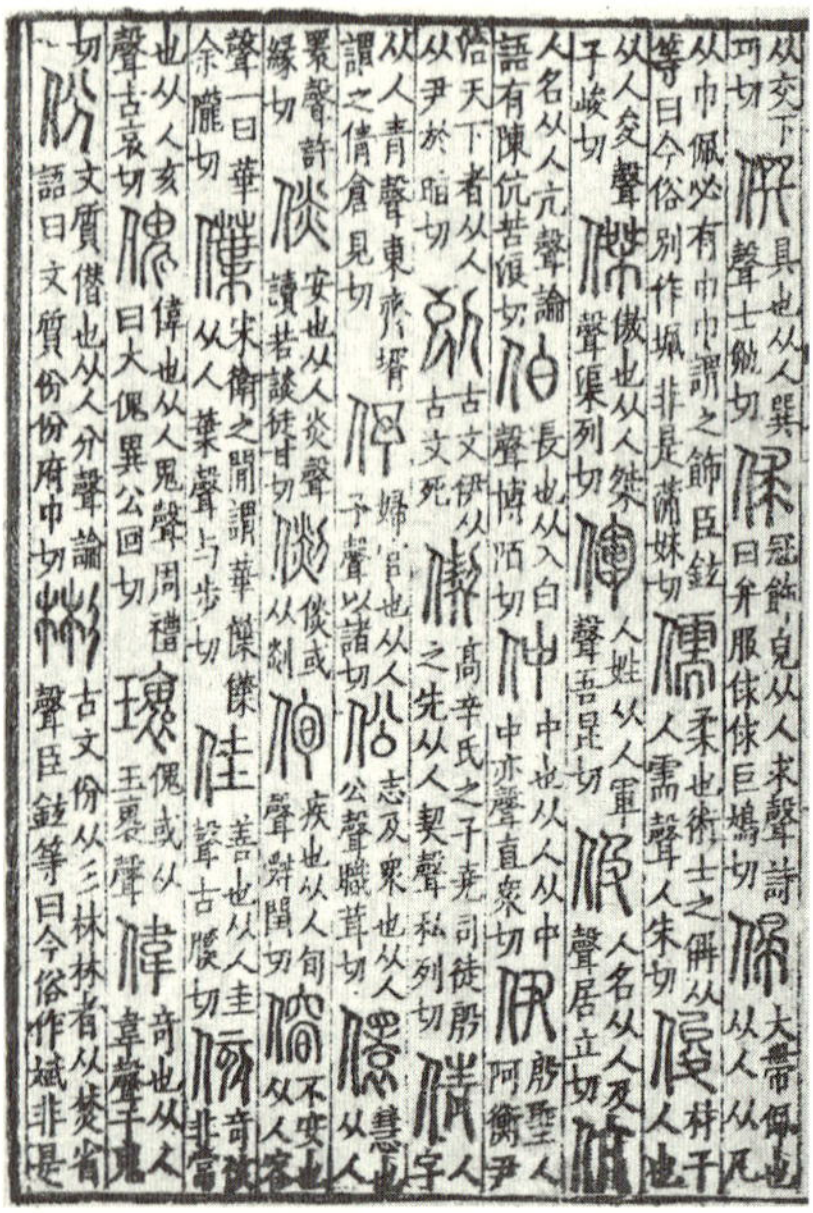
図2　『説文解字』の「儒」字。二行目に見える。

また同書の地官司徒にも、「本俗六を以て万民を安んず。一に曰く宮室をして媺《かた》からしめ、二に曰く墳墓を族にし、三に曰く兄弟を聯《あ》わせ、四に曰く師儒を聯わせ、五に曰く朋友を聯わせ、六に曰く衣服を同じうす」とも見えている。この意味は、地域の人々が同じ「師儒」に師事することで、連帯感を高める、そのような統治を行うべし、ということらしい。『周礼』にこのような記載が見えるからといって、西周の時代から「儒」が王朝の統治に組み込まれていた、などということにはならないが、伝統的には『周礼』が周の制度を反映したものだという考え方もあったため、儒教の伝統の内部には、これを根拠として「儒」と統治を結びつけたのかも知れない。

しかし『論語』を見れば分かるように、孔子自身が政治家として成功したわけでは決してない。むしろ、孔子の理想は春秋時代の諸侯からほとんど受け入れられなかったといってもよいくらいだ。本書第三章にて説明するように、儒教が皇帝権力と接近し、政治思想としての力を発揮するにいたるのは、前漢時代になってしばらくしてからのことであった。劉向らは、前漢後半期から末期にかけて生きたので、彼らの時代において儒教はすでに大いなる存在感を示しており、それゆえ、その目録において儒教が特別な地位を占めている、というわけなのだ。

後漢時代の許慎《きょしん》が書いた現存最古の字書、『説文解字《せつもんかいじ》』（八篇上）人部には、「儒」の字を説いて、「柔なり。術士の偁《しょう》。人に从《したが》い需の声」といっている。「儒」の語義を「柔なり」、柔らかいこと、と解釈するのも面白いことだが、さらに「術士」の呼び名だというのも興味深い。漢代思想においては、「術」がひとつの重要なキーワードなのであるが、儒者が術士だというのは、いったいどういうことであろうか。「術」と「儒」の関わりについては次章にて述べることとする。

以上のように、目録と儒教に関する基礎的な了解を築いておいたうえで、第一章ではさっそく劉向らの校書事業がどのような意義を持つものであったのか、考えてみたい。

コラム

目録学と校讐学

目録学と校讐学、内容的にほぼ同義であり、ただ言葉が違うだけである。同じ学問を指すのに、二つも言葉があるのでは、紛らわしい。歴代の学者たちは、なぜ用語を統一することができなかったのだろうか。それぞれの立場に、それぞれの言い分があるらしいので、ここで見ておこう。

まずは校讐派。宋の鄭樵は、その著『通志』に校讐略を設けた。『通志』総序に「校讐の司、其の法を聞かず」といって、「校讐」担当者の書籍管理が疎かになっていると批判した。また、清の章学誠も『校讐通義』という目録学の専著を書いた。彼らは目録学の語をあえて遠ざけたものとみえる。

次に目録派。たとえば清の王鳴盛が発した有名な言葉、「目録の学は、学中第一の要緊事なり」（『十七史商権《しょうかく》』）などに見える。近代以降は、余嘉錫が『目録学発微』を書き、姚名達《ようめいたつ》が「目録学」三部作（『目録学』『中国目録学史』『中国目録学年表』）を書くなど、優勢を占めている。今では、校讐と比較して、目録の方がはるかに通りがよい。

このような名称上の不一致の背景には、どうやら、目録という言葉が無味乾燥な帳簿の類を想起させやすく、劉向らが行った校書の意義を十全に伝えるものでないという、校讐学者たちの理解があるらしい。それゆえ彼らは、書物と書物とをつきあわせて調べる校讐の語を好む。より生き生きとした学術活動を感じさせるからであろう。

一方、目録学といって支障ないと考える人々は、目録は単なる帳簿の学ではない、という点を強調する傾向があり、たとえば余嘉錫は「凡そ目録の書は、実に学術の史を兼ね、帳簿式の書目は、蓋し取らざる所なり」と説く（『目録学発微』）。

なお校讐も目録も、ともに劉向・劉歆らが用いた、由緒正しい言葉であるから、由来の確かさという点で優劣はない。古文献学、図書分類学などといった雅でない名称は、もちろん伝統的な価値観を有する人々の好むところではない。

第一章　劉向目録学のインパクト

第一節　二劉の学の大きさ

かつて内藤湖南《こなん》（一八六六～一九三四）は、二劉（劉向・劉歆）の学問を、司馬遷のそれと並置して次のように言った。

漢代までの支那の学問を総括して考えたものに、二通りの種類がある。一は司馬遷の史記で、一は二劉の学である。……当時の学としては、司馬遷の如《ごと》く歴史の中心から総括したものと、二劉の如く各部分より総括したものと、この両方より見て全体の学問が分《わか》るのである。……この二書（引用者注：『史記』と劉氏の目録）は、漢代の最大の学術的収穫で、これだけで支那の学術は尽きていると云ってもよい。その後、書籍も色々出来、分類法も色々変ったが、全体に於てこの二大学問の流れに過ぎぬ。（「支那目録学」、『内藤湖南全集』巻一二）

このように内藤氏は「漢代までの支那の学問を総括して考えたもの」を、司馬遷の学と二劉の学という二つに分けて提起していた。これは示唆に富む分け方である。両者を対比させてとらえることで、中国の歴史を立体的に把握する視座が築かれるからである。

なお、このように司馬遷の学と劉向・劉歆の学とを並べて重視する考え方は、内藤氏ばかりでなく、二十世紀中国の代表的な歴史家である范文瀾《はんぶんらん》（一八九三～一九六九）も似たことを言っている。「前漢時代には、『史記』と『七略』という二つの大著作が生まれ、史学史上の輝かしい成果であった」、そして、「（二劉は）司馬遷を継いで立ち上がった大学者であった」、と（『中国通史簡編』第二編）。

さらに遠く後漢の時代に遡るならば、後漢の時代に屹立する非凡な著述家、王充は、賢者とは何かを問う文脈のなかで、「若し官の文書を典せば、太史公及び劉子政の徒の若きは、書記の職を主領する有り、則ち博覧通達の名有り」といった（『論衡』定賢篇）。王朝の記録をつかさどる「賢」者の例として、王充はすでに、太史公すなわち司馬遷と、劉子政すなわち劉向とを並べたのであった。

『史記』の著書である司馬遷は日本でももちろん有名で、それについて書かれた本も多いが、二劉、すなわち劉向と劉歆について、司馬遷ほどに知られていないのはもちろん、彼らの名を知る人がどれほどいるものだろうか。私は内藤氏らの見立てに賛同しつつ、ここに言われる二劉の学、すなわち目録の学の意義について紹介し、かつ考察したい。ただ、内藤氏が「その後、書籍も色々出来、分類法も色々変ったが、全体に於てこの二大学問の流れに過ぎぬ」というのは、後世における学術の発展をかなり軽く見たものであって、やはり武断のそしりを免れないものと思われるが、だからといって劉向・劉歆の学者としての偉大さを軽視するのも同じように不適切であろう。しかしいったい、二劉は何をなしたのであろうか。その意義はどこにあるのであろうか。

第二節　書目の背後にあるのは「学術」である

劉向から始まる目録学は、書目に関する学問、図書に関する学問でありながら、そこにとどまることなく、「学術」の歴史を把握しようと努めるものであった。

これは実に興味深いことではなかろうか。劉向に課せられた仕事は、宮中に蔵する大量の書物の整理であった。ただ整理をするというだけなら、たとえば、大きさごとに分けたり、書名順に並べたりして済ませることも可能だったはずである。しかし劉向らは、書物の内容に基づいて分類を行った。

清代の目録学者、章学誠《しょうがくせい》（一七三八～一八〇一）は、劉向に始まる目録学の意義をたった二句で要約した。いわく、「学術を弁章し、源流を考鏡す」（『校讐通義』序）、と。章氏のこの言葉は、目録学をうまく言い当てたものとして、目録学の概説では必ず引用される。

ここで言われる「学術」とは何であろうか。総体的な概念としては、今日いう学術に近い面があるかも知れないが、分析すれば「学」すなわち学問と、「術」すなわち技術である。本書において後述することであるが、劉向・劉歆らは当時の「学術」を六部門――六芸、諸子、詩賦、兵書、術数、方技――に分類した。この六部門は、「学」と「術」に大別できる。倉石武四郎《くらいしたけしろう》はいう。

劉向自身の担任した六芸、諸子、詩賦の三者と専門家に委任した兵書、術数、方技の三者とは、二つの大きな分類と認められる。これは後世の考えでいえば学と術との分類にあたるものと思う。即ち六芸、諸子、詩賦の三者はいわゆる学であって、一般に士以上の人たちの必ず身につけねばならないものであるが、兵書、術数、方技の三者は術であって、特殊な専門家のみの技術である。(『目録学』、一九〜二〇頁。井波陵一『知の座標』、一八〜一九頁にも引く)

このように、劉向らの六分類から、前漢時代における「学」と「術」との位置を読み取ることができるというわけである。これは、明らかに単なる書物の整理（後世の目録学ではそれを見下して「簿録の学」――「帳面つけの学」などと呼ぶ）を超えたものであり、「学術を弁章す」という章学誠の言葉も、この意味において理解されなければならない。

劉向らが「学術」を六分類したといったが、それらの分類の下にはさらに下位の分類がある。たとえば諸子略には十家と呼ばれる下位分類――儒家・道家・陰陽家・法家・名家・墨家・従横家（縦横家）・雑家・農家、そして小説家――が設けられている。そして、儒家なら儒家の書物を著録し、さらに、その書物を生み出した学術的な伝統を彼らは記述したのであった。

眼前にある書物を書物として分類したというよりも、むしろ劉向・劉歆らは、ある学術的なグループの学術的伝承をまず念頭に置いて、たとえば儒家における学術的伝承の歴史を念頭に置き、その上で書物を整理したのではないか、とも考えられる。ものの順序として、まずある学派の学術があって、それに応ずるかたちでその学派の書物が生み出されるわけであるから、この推測が成り立つのである。

こういった劉向らの学術観は、決して無色透明なものではない。アメリカ、プリンストン大学の漢学者、マーティン・カーン氏は、次のようにいう。

（劉向らが作った）皇室の蔵書目録は、公平な蒐集であるとか、入手可能な資料をすべて表現したといったようなものではなく、むしろ、戦国時代の書物がもっと折衷的でそれほど明確に分かれていなかったのに対して、文献伝承についての選択的で規範的な見方を二重写しにしたものなのである（『ケンブリッジ中国文学史』第一冊、六一頁）。

「文献伝承についての選択的で規範的な見方（a selective and prescriptive vision of the textual heritage）」というのは、劉向・劉歆らの校書を考えるうえで、よいヒントになる考え方であろう。カーン氏の指摘通り、彼らの学術観は決して無色透明ではなく、彼らなりの見方を押しつけたものでもある。彼らの校書が単純な書籍の整理だと考えると、全体像を見誤ることにもなりかねない。

第三節　術をめぐって

すでに述べたように、劉向らの校書に即して言えば、どうやら前漢末の時代、彼らは広い意味での学術を、「学」と「術」とに大まかに分けていた、と見ることができる。しかしこれは固定的な制度というわけではなく、前近代の中国においては、有力ではあるが複数ある分け方のひとつであったともいえる。

三浦國雄氏は、中国の学の体系は「道」「技」「術」の三種に分けられる、としているので、それを紹介しよう。この三者はそのまま「価値の順列」になっており、「もっとも尊ぶべき学び」が「道」という「至高概念」であり、「人間としての生き方にかかわるもので、儒教をはじめ諸子百家が追求した哲学、倫理学、または経世済民の学など」を指す、とする。そして「技」は「天文、暦法、医学、農学といった、いわゆる実学、あるいは今で言う科学技術に相当」し、「術」はその「技」の「さらに下に位置づけられ」た、という（『風水講義』、三一～三二頁）。そして、三浦氏の言う「術」は、劉向の分類の「術数」に相当している。

三浦氏の示したこの中国学術の分類は、なかなか興味深い。まず、「至高概念」が存在している、という指摘が重要である。前漢末において、それは間違いなく「六芸」と呼ばれる経典の学びであった。劉向らの校書において、この「六芸」が最重要視されていることは疑いのないことである。

そして、それぞれの学びが「価値の順列」によって並べられているという指摘もその通りで、劉向らの校書においても同様の配列がなされていることは間違いのないところである。六分類は明らかに順序をつけて配列されており、六芸略が先頭に置かれているのはそれが至高の価値を有すると考えられたためであり、兵書・術数・方技の三略が後に置かれたのは、相対的には低い価値しか認められなかったせいであろう。この点は、中国における学術分類の歴史を考える上で非常に重要である。

三浦氏の学術体系は、劉向よりも後の、清代の四庫全書の体系を念頭に置いて整理されたものであって、両者を無理に結びつけることはできないが、あえて劉向らの分類に対応させるならば、劉氏における六芸略と諸子略を「道」とまとめ、術数略のうちの天文と暦譜、および方技略を核に「技」としてまとめ、数術略のうちの五行・蓍亀《しき》・雑占・形法の類を「術」としたものと見られる（なお劉向らの詩賦略に相当するものは度外視されている）。

このような三浦氏の見方は、中国学術をとらえるために有効だが、その淵源をたどってゆけば、劉向らの学術観にいたることは確かである。「術」に関するもうひとつの見方として紹介しておく。

また「術」について、もうひとつ付け加えておきたいことがある。それは『荘子』に見える「道術」「方術」という言葉についてである。詳しくは次章にて述べるが、『荘子』天下篇は、先秦時代の諸子についてのまとまった論評である。その冒頭を訓読で示す。

天下の方術を治むる者は多し、皆な以《おも》えらく其の為す有るは加うべからず、と。「古の所謂道術なる者は、果して悪《いづ》くにか在る」。曰く「在らざるは無し」、と。曰く、「神は何に由《よ》りて降り、明は何に由りて出づ」、と。「聖は生ずる所有り、王は成す所有り。皆な一に原《もと》づく」、と。

この一段は、ほぼ次のような意味であろう。この世には「方術」を身につけた人が様々いるが、彼らはそれぞれ、みずからのやりかたを至高のものと考えている。ある人が問う、古代において「道術」と呼ばれていたものがあるが、それはいまどこにあるのか、と。答えていう、いたるところにある、と。

ある人が問う、そういった術のもととなっている「神」や「明」は、どうやってこの世に現れたのか、と。答えていう、聖人は「神」によって生み出され、王者は「明」によって作られたものであるが、かれらはみな「一」なる真理に基づいてこの世に現れたのだ、と。

ここに説かれるところによれば、様々な古代の教えである「道術」は、すべて「一」なる根本から生じて、聖人や王者によって体現されたものであり、それが様々な「方術」として、当時の世（おそらくは戦国時代の中国）にも多様性をもって伝えられている。そのように読むことができる。

古代の伝説上の「道術」、そして戦国時代に行われた「方術」。ここに「術」の語が使われていることが、ことに興味深く思われる。いわゆる諸子百家の教えについていわれる「方術」の語には、秦の始皇帝が憧れたような、神仙への道を求める術の意もあるが、ここではそれを意味しない。そうではなく、方法としての「術」、である。あえて深読みすれば、『荘子』天下篇のいうそれは、世を治めるための方法としての政治思想、ということにでもなろうか。あるいは、そのためのわざ、ということかも知れない。いずれにせよ、この「術」には、政治に役立てるための生きた実践という含みがある。

そういった諸子百家の教えを遡らせるかたちで、古代の理想的な教えが措定された際にも、それが「道術」と呼ばれているわけであろう。「術」の語は、道路を表すギョウガマエに従うことからも想像されるように、もともと道路を意味したらしいが、ひいては実践的な技術を意味するようになった（もちろん「道」も実践そのものなのであるが）。「術は、邑《まち》の中の道なり」と、後漢時代の字書、許慎《きょしん》『説文解字《せつもんかいじ》』は説いたが、それに注をつけた清の学者、段玉裁《だんぎょくさい》が「引伸して（指す範囲を拡大して）技術と為す」といったのは、その関係を指摘したものである。技術は、実践を離れることができない。つまり理想においても、教えは実践たる「術」から離れることがなかったのである。

ただ補足しておくなら、古代の「道術」がそのまま戦国時代の「方術」となったと天下篇が主張するわけではない。いわく、「後世の学ぶ者は、不幸にして天地の純、古人の大体を見ず、道術は将に天下の為に裂かれんとす」、と。「古人の大体」、すなわち理想上の古代人たちが当たり前のこととして分かっていた大もとを、後世の人間たちはそれぞれ（自分の個性や傾向に応じて）部分的にしか理解することができず、「一曲の士」たらざるをえなかったのであった。

『荘子』天下篇の書かれた時代において、諸子百家の実践は「方術」と称されたわけであるが、漢代に入っても、同じ意味における「術」が変わらずに存在した。見やすい例を挙げれば、儒教はしばしば「儒術」もしくは「経術」と称せられた。たとえば司馬遷は「仲尼《ちゅうじ》は礼廃れ楽崩るるを悼み、経術を追修す」（『史記』太史公自序）といい、また「上《しょう》は儒術に郷《むか》い、賢良を招く」（『史記』武帝本紀）ともいった。『漢書』の著者の班固《はんこ》は、前漢の大儒の董仲舒《とうちゅうじょ》の功績を称して「仲舒の著す所は、皆な経術の意を明かす」（『漢書』董仲舒伝）といった。『漢書』における用例を見ても、儒教は、「儒教」と呼ばれるよりもはるかに多く「経術」と呼ばれている。前述のように、『説文解字』は「儒」字を釈して「術士の偁《しょう》」といったのも（二七頁）、同じ意味であろう。こうしてこの語の用例を見ると、「術」が医学や占術などの技術ばかりを指し示したというわけでは必ずしもなく、それどころか、儒家を含めた諸子百家の教え全般が「術」と呼ばれていたことが分かる。

このような「術」についての見方は、先ほど述べた、「学」や「道」よりも「術」を一段低いものとして位置付ける見方と、どのような関係にあるのだろうか。

保科季子氏に「漢代における「道術」の展開」という論文があり、それによると、「道術」の語は前漢前半期においては広く学問・経学を意味したが、前漢末期から後漢時代にかけてしばしば特徴的な意味で用いられるようになり、「道術の士」と呼ばれる人々は、「讖緯《しんい》のみならず、天文・暦法・易などに精通し、未来を予言しているケースがほとんどである」という（同稿、三四頁）。保科氏はまた、この意味における「道術」と、漢志の数術略が内容的に近いことを指摘している（同稿、四二～四三頁）。

とすると、次のようには考えられまいか。前漢においては「術」を貶めるような考え方は強くなかったが、前漢末頃から、「道術」を数術（術数）の意味で用いることが多くなり、スキルとしての「術」の側面が強く意識されるようになった。後世で、儒教の価値に、そういった「術」以上のものを見ようとする考え方が現れてきて、その傾向は段々と強まり、儒教が「術」と呼ばれることは、かなり減ってゆき、たとえば朱子においては「儒術」「経術」などの語が用いられることが少なくなってしまった。

劉向・劉歆らが、六分類のうちの六芸・諸子・詩賦の前三者を「学」と呼び、他方、兵書・術数・方技の後三者を「術」と呼んだ、というわけではない。そのような証拠はない。というよりは、後世の学者たちが六分類にそのような構造を見て取った、ということである。そういう意味で、「学／術」に二分法や、「道／技／術」に「術」の語が含まれることに、特に過敏になる必要はないのだが、やはり劉向らの校書にはじまる目録学を理解するうえでも有効かつ便利な分け方であると思われるので、本書においてもやや詳しく紹介した。

第四節　官職と書物

いささか「術」にこだわってしまったが、ここで劉向らの校書に話を戻そう。とりあえず論述のいまの段階においては、「劉向らの校書」などと便宜的に呼ぶが、後述する通り、実はこの前漢末の校書事業は劉向個人によってではなく複数の学者による分業によってなされた。すなわち、六分類の前三者（六芸、諸子、詩賦）については当初、確かに劉向が責任を負ったのであるが、後の三者（兵書、術数、方技）については、それぞれ別の人物が責任者に任ぜられたのであった。すなわち、歩兵校尉（上林苑門の守備兵の長官）の任宏《じんこう》に兵書を整理させ、太史令（天文暦算を司る官）の尹咸《いんかん》に数術書（暦算・占術書）を整理させ、侍医の李柱国《りちゅうこく》に方技書（医書）を整理させたのである。なおこの侍医とは、皇帝を診察する少府《しょうふ》の太医令の属官だと、陳直はいう（『漢書新証』、二二七頁）。

これはどういうことか。「術」に相当する分野の書物については、それぞれの専門家に整理を委ねた、ということである。現代の日本で使われている図書分類、日本十進分類を引き合いに出して言うならば、その第四に「自然科学」という分類があるが、この分類に関しては自然科学の専門家に図書の整理や分類を委ねるというようなものである。様々な分野の専門家と協力して図書館の業務を行う様子を想像してみると楽しい。

私がさらに面白いと思うのは、前漢の末の皇室図書の整理においては、軍事をつかさどる官に兵書を、天文暦算をつかさどる官に占術書を、そして医学をつかさどる官に医書を担当させた、という事実である。ただ専門家であるというだけでなく、中央官制の中で、それなりに責任ある官職にある人物が、それぞれの分野の校書を委任されたわけである。

当時の成帝という皇帝が命じてそのようにさせた、と史料に書いてあるのだが、これは、皇帝一人の考えというよりは、その時代の支配層に共有された考え方であったと見る方がよいように思われる。書物の整理に際して、書物そのものの操作以上に、その背後に存在する学術を重視するという態度である。やはり、書物よりも学術に目が向いているのである。そしてその学術は、中央官制に位置づけられた官職の責任者が担う、という考え方である。

第七章にて述べるように、『漢書』芸文志には、「何々の学は、何々の官に由来する」という記述がしばしば見える。たとえば、諸子略の儒家は「蓋し司徒の官に出《い》づ」といい、また兵書略は「蓋し古の司馬の職に出づ」という。この『漢書』芸文志の記載は劉歆『七略』の内容に基づく（後述）。つまり、劉歆の考えとして、あるまとまりをなす書物の背景には、それを成り立たせたある学術が存在し、さらにその学術を古代に向かって遡及してゆけば古代王朝の官職（「王官」）に行き着くという発想があった。これも書物と学術と官職との関係を重視する考え方である。なおこの考えは、その後、清朝の章学誠がさらに発展させた。

学術が古代王朝の官職に由来するというこの劉歆の「王官」説は、劉歆自身が考えたものなのか、それとも父親の劉向が考えたものなのか、はたまた、劉向よりも前からあったものなのか。これに対して明瞭に答えることはできないが、劉歆ひとりの力で、無から有を生じさせたものではないように、私には思われる。むしろ、そういう考えを生み出す、より一般的な信念がこの時代の中国にあったのではないか。それぞれの学術は、それぞれの淵源を古代の王官に持つという信念は、現代人の目にはやや奇異に映るかも知れないが、前漢の人にとっては自然に感じられるものであったのかも知れない（後世のいわゆる漢字を遡っていけば殷代の王官にいたるという事実を認めるとすれば、文字を操るすべての人々の淵源もまた王官にあるのだ、という推測もまた、古代人にとってそうだったのと同じように、現代人にとってもまた成り立つ余地があるのではないだろうか）。

先述の通り、成帝は、歩兵校尉の任宏に兵書を整理させ、太史令の尹咸に占術書を整理させ、侍医の李柱国に医書を整理させた。専門的な官に専門的な書物を整理させるというこの考え方は、劉向の意向に先行して決められたものであり、少なくとも劉向・劉歆のものではない。この考え方は、書物の背景に学術を見るという一点において、劉歆の「王官」説と相通ずる。

書物の背景に学術を見る。これが前漢末の学術観であり、劉向・劉歆らの校書の成果たる『別録』『七略』もまた、そのような学術観に貫かれていた。そして、この学術観が彼らの書物観を支えており、その後の目録学に決定的な影響を与えたのである。

考えてみれば、一口に書目といっても様々な種類があり得る。中国においてもそうである。たとえば、中国の著名な目録学者、程千帆氏らはその著書のなかで、「特殊目録」として推薦書目録・禁書目録・

販書目録・引用書目録・版本目録・個人著作目録・目録の目録など、多様な書目を紹介している（邦訳『中国古典学への招待』、三三二〜三九七頁）。しかし、それらがなぜ「特殊」であるのかといえば、劉向らが示した、学術的な背景を重視する『別録』や『七略』とは異なる、という意味で特殊なのである（とはいえ、ほとんどすべての「特殊目録」も分類においては『七略』の影響下にあるのだが）。それほど劉向が後世の目録家に与えたインパクトは大きかったのである。

第五節　『漢書』芸文志の序文を読む

二劉の業績を伝える重要な資料として、『漢書』芸文志という目録がある（本書においては、漢志と略することがある）。『漢書』の一篇であるが、劉歆『七略』を抜粋したものと考えられており、『七略』が失われてしまった今となっては、目録学を考察する上で根本的な資料とみなされている。『七略』と漢志とがどのように関連しているか、その詳細については後述することとする。

さて『漢書』芸文志には、「大序」と呼ばれる序文がついている。これを読めば、劉向以前の学術の歴史と、そして二劉の貢献に関する大要が理解できるので、まずはその全文を五つの段落に分けて読んでみたい。やや煩瑣になるが、この大序についてのみ訓読文と意味を補った現代語訳をあわせて示す。

昔し仲尼没して微言絶ち、七十子喪《ほろ》びて大義乖《そむ》く。故に春秋は分れて五と為り、詩は分れて四と為り、易に数家の伝有り。戦国従衡《しょうこう》、真偽分れて争い、諸子の言は紛然として殽乱《こうらん》す。

かつて、孔子が亡くなると、その人が述べたという微妙なる言葉は失われてしまい、その有力な弟子七十人が亡くなると、さらに孔子が伝えた大いなる教えが齟齬をきたした。そこで『春秋』に関する教えは五つに分裂し、『詩』に関する教えは四つに分裂し、『易』に関する教えは数家にも分かれた。当時、戦国時代で、諸国は合従連衡の策を弄して競っており、学問的にも真偽をめぐり互いに争うありさまで、諸子たちの言説は紛々と乱れてしまった。


「大序」の冒頭は、突然、孔子の死（前四七九）を始点として説きおこされる。そこにあるのは、孔子やその弟子たちの輝かしい活躍でなく、彼らが消え去った後に出現した、文化的荒廃の様子である。孔子がいた頃には、その教えは十全なものであったはずなのに、その逝去、そしてさらには弟子たちの世代が絶えたことにより、教えの内容がバラバラになってしまった、という理解である。例として、『春秋』『詩』『易』（『周易』）といった儒教経典について、異なった学説や伝承が行われるにいたった状況が描かれる。これは多様性などといって肯定的に評価されるようなものでは決してなく、むしろ、暗く不安な雲に覆われたものとみなされた。さらに、戦国時代という諸国分立の時代にあって、策を弄してうごめく諸子たちの活動も、希望あるものとしてではなく、恐ろしい混乱として描写される。

なお、学術の歴史を解き明かすのに、孔子の死と弟子たちの離散から語り始める記述は、『漢書』芸文志の大序がそのようであるばかりでなく、『史記』儒林伝も同様であった。「孔子卒《しゅっ》してより後、七十子の徒、諸侯に散游し、大なる者は師傅卿相《しふけいしょう》為り、小なる者は士大夫《したいふ》に友として教え、或いは隠れて見《あらわ》れず」と説き起こされている。大序は『史記』の語り口を取り入れたものであろう。さらに、大序は次のように続ける。

秦に至りて之を患い、乃ち文章を燔滅《はんめつ》し、以て黔首《けんしゅ》を愚にす。

秦代になると、この学説の混乱を憂慮し、なんと書籍を焼き捨て、それによって民衆を暗愚にする愚民政策をとった。

時代は秦（前二二一〜前二〇六）へと移る。「文章を燔滅し」たというのは、もちろん始皇帝による焚書（始皇三十四年、前二一三）のことを指す。短い一文ながら、秦に対する鋭い批判となっている。

漢興りて、秦の敗を改め、大いに篇籍を収め、広く献書の路を開く。孝武の世に迄《いた》りて、書は欠け簡は脱し、礼は壊れ楽《がく》は崩れ、聖上、喟然《きぜん》として称して曰く、「朕、甚だ焉《これ》を閔《いた》む」、と。是に於て蔵書の策を建て、写書の官を置き、下は諸子、伝説に及ぶまで、皆な秘府に充つ。

そして漢が興隆し、秦の失敗を改め、大いに書籍を中央に集める政策をとり、珍しい書物を献上させる方策をはじめた。しかし武帝の世になると、だんだんと書籍が不全となって脱落が目立つようになり、礼楽は崩壊するありさまであったところ、皇帝は慨嘆してこう仰せになった、「朕は大いにこのことに心痛めている」、と。そこで、中央に蔵書を築く方針を立て、そのために書物を書写する専門の官を設置し、経書はもちろんのこと、諸子や、経書の注釈の書に及ぶまで、すべて秘府と呼ばれる書庫に収蔵した。

前漢（前二〇六〜後八）が興起して、秦の文化政策を撤回し、書籍の蒐集にいそしんだことを印象的に語る。実のところ、民間人の書物所持を禁ずる「挟書律《きょうしょりつ》」が撤廃されたのは、恵帝四年（前一九一。『漢書』恵帝紀による）のことなので、漢の対応が早かったわけではなく、珍しい書物が世に現れるようになったのは、次の文帝（在位、前一八〇〜前一五七）の時代を待たねばならなかった（『漢書』楚元王伝に引く、劉歆「移太常書」）。不思議なことに「大序」は、当時、孔子の旧宅から出た『古文尚書』といった貴重な書物の出現に触れもせず、かえって武帝期（前一四一〜前八七）における文化の頽廃に焦点を当てている。武帝の力によって文化復興が遂げられた点を強調するために、こういった書き方をしているのかも知れない。「朕、甚だ焉を閔む」という語は、元朔《げんさく》五年（前一二四）の詔勅の一部であり（『漢書』武帝紀、および同書儒林伝に詳しく見える）、公孫弘という学者の意見に従って儒教を大きく導入したという背景を有する。その結果として、秘府に書物が充実したという。なお、秘府については後述することとする。

成帝の時に至り、書頗る散亡するを以て、謁者《えっしゃ》の陳農をして遺書を天下に求めしむ。光禄大夫の劉向に詔して経伝・諸子・詩賦を校せしめ、歩兵校尉の任宏をして兵書を校せしめ、太史令の尹咸をして数術を校せしめ、侍医の李柱国をして方技を校せしむ。一書已《おわ》る毎《ごと》に、向は輒《すなわ》ち其の篇目を条し、其の指意を撮り、録して之を奏す。

しかし成帝の時代になると、またもや書物がかなり失われてきたので、謁者（皇帝に直接仕え、その使者ともなる官）の陳農に命じて、世に遺された書物を広く天下に求めた。光禄大夫の劉向に詔がくだされ、経伝（儒家経典とその注釈）・諸子・詩賦の書物を校讐させ、歩兵校尉の任宏に兵書を校讐させ、太史令の尹咸に数術を校讐させ、侍医の李柱国に方技を校讐させた。一つの書物を校讐し終えるたびに、劉向は、その書物の篇目を序列し、書物の趣旨を要約し、文章にまとめて皇帝に上奏した。

しかしながら、武帝の文教政策の効力もそれほど長くは続かなかったらしく、百年ほど後の成帝の時代（前三三～前七）には、秘府の書物がまたしても不備となっていたことへと記述は続く。そこでまず成帝は陳農という人物を派遣して広く書物を集めさせ、さらに劉向らに命じて「校」書をさせた。前述したことでもあるが、劉向のみならず、任宏・尹咸・李柱国の三名が、それぞれに専門知識を有する官僚として、関連分野の校書にたずさわったわけである。

また、「其の篇目を条し、其の指意を撮り、録して之を奏す」の部分は重要で、これは、整理を終えて皇帝に献上される書物にひとつずつ冠せられた「序録」（叙録・書録ともいう。これについては後述する）という文章について語られたものである、と考えられている。

図3　馬王堆の竹簡の束。劉向らが整理した書物の多くは竹簡に書かれたものであった。

会《たま》たま向卒《しゅつ》し、哀帝、復た向の子の侍中奉車都尉の歆をして父の業を卒《お》えしむ。歆、是に於て群書を総べて其の『七略』を奏す。故に輯略有り、六芸略有り、諸子略有り、詩賦略有り、兵書略有り、数術略有り、方技略有り。今其の要を刪《けず》り、以て篇籍を備う。

　ところがちょうど劉向が亡くなってしまったので、成帝の後を継いだ哀帝は、劉向の子、侍中、奉車都尉の劉歆に命じて、劉向が未完のまま遺した仕事を完成させることとした。劉歆はそこで多くの書物を総括して、その著書『七略』をまとめて奏上した。その書には、輯略、六芸略、諸子略、詩賦略、兵書略、数術略、方技略という七つの部門がある。いま、（わたくし班固は）その書の要点を抜粋し、これによって（『漢書』に）書物に関する記録を備えることとする。

劉向が亡くなり、息子の劉歆がその仕事を受け継いだことを述べる。劉向がいつ逝去したのかについては、古くから異説が多いが、綏和《すいわ》元年（前八）四月とする説が有力である（徐興無氏『劉向評伝』の説）。次の年に成帝が崩御し、哀帝（在位、前七〜前一）が即位する。劉歆は哀帝の命令を受けて、父の仕事を完成させ、『七略』という書目を作った。

以上が、『漢書』芸文志の「大序」の全体である。特に劉向の仕事と、彼の著した「叙録」について述べられており、そしてまた劉歆とその『七略』への言及があるので史料的に貴重である。

第六節　「大序」は誰の文章か

さて、この『漢書』芸文志「大序」を書いたのは誰なのだろうか。『漢書』という書物は、かなり複雑な成立過程を有する書物で、後漢時代の班彪《はんぴょう》（三〜五四）が着手したのを、息子の班固（三二〜九二）が受け継いで相当部分を書き上げた。ただ、「表」の部分と「天文志」の部分のみ未完成であったため、班固の妹の班昭（四五?〜一一七?。曹大家《そうだいこ》とも呼ぶ）が班固の没後に補った。なお、「天文志」は班昭が馬続《ばしょく》（七〇〜一四一）という人物の協力を得て書いたものという。

なお、『漢書』の構成は、十二の「紀」、八つの「表」、十の「志」、七十の「列伝」、あわせて一百篇である。

班彪が何をどこまで書いたのか、確かなことは分からず、『漢書』の主要な内容は班固によって書かれたと考えられる。そうであるならば、芸文志もまた『漢書』の他の部分（ただし八つの「表」と「天文志」

を除く）同様、班固の執筆になると、一応そのようにみなすことができよう。歴代、「大序」を含む芸文志は班固の著作であるとみなす見解は多い。

しかし、ここに注意すべきことがある。それは、『漢書』芸文志の書目の部分、すなわち、書名、量数、著者に関する記述などについては、ほぼ全面的に、劉歆『七略』を踏襲することが広く知られているのである。たとえば、芸文志、六芸略、易家の冒頭に「易経十二篇、施・孟・梁丘三家」とあるが、これは、『七略』にそうあったのをそのまま転載していると考えることができる。

それならば、「大序」の文章はどうか。班固が書いたのであろうか。そのように考える学者もいるが、それを否定し、劉歆の書いた文章であるとする説が有力である。それは民国時代の目録学者、余嘉錫の唱える説であり、この「大序」は基本的に劉歆の文章であるというのである。基本的に、というのは、先ほど引用した「大序」の最後の一文、「今其の要を删《けず》り、以て篇籍を備う」の部分だけは、どうしても班固の文章と考えなくてはならないが、それ以外はすべて劉歆の文章である、という。

余嘉錫のこの説は、妥当であると思われる。そうであるならば、この「大序」に示された学術の見方、文化の見方は、劉歆のものであるということになる。そうであるとすると、二劉の校書に関連する史料として、これほど信のおけるものはない。漢志大序の全文をあえてくどくどと訓読と現代語訳とで示したのは、この文章が劉向らの目録学を考える基礎となるものだからである（この章においては、大序の文章を日本文としては常体で訳したが、もし二劉が皇帝に向けて書いた文章であるとすれば、もちろんこれは敬体で訳さねばならないところである）。

以上述べたように、劉向らの校書とその成果は、中国の書物文化・学術観を考察する上でたいへんに重要なものであるが、しかし、特にその学術観の側面について言えば、彼らが独自に作り上げたものというよりは、前の時代から多くを継承して新たに組み立て直したものとも評価できる。そこで次章においては、劉向校書の前史として、先秦から前漢前半期にかけての学問論を取り上げて考察を加えてみたい。

コラム

書物と国家

前漢の校書は、国家の官職（特に、地方官制ではなく中央官制）と学術・文献との関係を重んじた。また『七略』に見える、学術と官制とを関連づける見地は、それをさらに強化するものであった。

しかし翻ってみると、常識的に言って、学術や書物というものは必ずしも国家や官制と直結するものであるとは限らない。古代においても、権力などとは無関係の学術や思想はあったに違いない。すべてを国家の官制に結びつける劉向・劉歆らの見方は、偏っているのではないか。そのような疑問が成り立ちうる。

彼らの見方は偏っていると、私も考える。これは劉向らの校書が、根本的に国家事業、しかも皇帝の蔵書を整理する事業であったことに理由があろう。目録の性質に着目すると、『別録』も『七略』も、皇帝の蔵書を対象としたものであり、個人が趣味で集めた本の一覧でもなければ、書肆の販売目録でもない。治世のため、国家のためという、政治の側面が強く意識されるのは、ある意味、自然なことであろう。

この傾向は後世にまで引き継がれた。たとえば唐の国史を編纂した劉知幾《りゅうちき》は、その著『史通』において書物に関する考え方を示したが、唐代の官制と図書分類との関わりを意識している（拙文「『隋書』経籍志史部と『史通』雑述篇」を参照）。

また後の清朝の時代には、章学誠が劉歆らの説をおしひろめ、「六経《りくけい》（六芸）」もまた官に由来する「史」書であるとする、いわゆる「六経皆史《かいし》」の説を唱えた。近年では、王陽明の説との近さを言われたりもするが、やはりこれも遠く劉向らの思想を継承したもので、その上で、「形而上」を説くとみなされがちな『周易』についても、他の経書同様、それが官に由来することを強く主張すべく、『文史通義』の冒頭にて「六経は皆な史なり。古人は書を著わさず、古人は未だ嘗て事を離れて理を言わず、六経は皆な先王の政典なり」と宣言したのではないかと、私は考えている。

第二章　目録学前史——戦国時代から前漢時代における学術と学派

第一節　諸子を批判する諸子

清朝の史家、章学誠は、次のように言った。

『漢書』芸文志は学術の源とその流れを最も重んじており、これはどうやら「太史公自序」、および『荘子』天下篇・『荀子』非十子篇（現行『荀子』では非十二子篇）の趣旨から着想を得たものらしい。

（『校讐通義』「補校漢芸文志」十の三）

『漢書』芸文志が『荀子』などの影響を受けたというよりは、劉向・劉歆ら――この場合はとりわけ劉歆――がそのようであったという方がより適切であろうが、ともかく章学誠のこの見通しは秀逸である。劉向・劉歆らが示した学術観にはそこにいたるまでの道、すなわち前史があった、ということである。本章では、章氏の視線に導かれつつ、劉向校書にいたる道を探ってみたい。

中国ではいつ頃に、我々がいまその大体を知りうるような思想や学問が生まれたのだろうか。それについての明確な答えはもちろんないが、ともかく、殷や周においても統治の理念はあったはずであるから、いわゆる政治思想の原型のようなものはあったと推測できる。春秋時代にもなると、相当に多様な「諸子」たちの活動があったことは、一応の事実として認めてよかろう。厳密な文献実証の立場から言えば、果たして『論語』が孔子とその弟子たちの言葉を正しく伝えたものと考えられるのか否か、といった問題があるが、大きく見れば、孔子の当時、治世や人間観についての多様な思想、多様な学問があったとは認められよう。

たとえばその『論語』を例に取れば、弟子の一人から「管仲《かんちゅう》は礼を知るか」と問われた孔子は、管仲に僭越の行為があったことを述べ、「管氏にして礼を知らば、孰《たれ》か礼を知らざらん」、などと評している（八佾《はちいつ》篇）。もちろん、管仲の行為について評論しているだけで、別に管仲の著書を読んでいたというわけでもあるまいが、それでも礼というものについて、孔子自身と管仲との認識の間に差異があることを強調したものであろう。

さらに見やすい例としては、戦国時代のポレミックな儒者である孟子が、当時、世に流行していた思想の集団として、楊朱《ようしゅ》の一門と墨翟《ぼくてき》の一門とを挙げ、「楊朱、墨翟の言、天下に盈《み》つ。天下の言、楊に帰せざれば則ち墨に帰す。楊氏は我の為にし、是れ君を無《な》みする也。墨氏は兼愛し、是れ父を無みするなり。父を無みし君を無みするは、是れ禽獣なり」（『孟子』滕文公《とうぶんこう》下）などといって厳しい批判を浴びせたことはよく知られる。

とすると遅くとも戦国中期の時代、孟子にとっては、みずからの強力なライバルとして楊朱の影響を受けた集団、墨翟の影響を受けた集団が認識されていたということになる。これは孟子対楊子、孟子対墨子の争いではなく、思想集団同士の争いなのである。

『孟子』にはこれ以外にも、漢志の分類で言えば農家に属するとされる許行の集団に対する孟子の本格的な批判などが見えているが（滕文公上）、しかし、孟子の批判は、どちらかと言えば散発的で、孟子が視野に収めたすべてのライバル集団を俎上に載せたものではない。これと比較すると、章学誠が漢志の拠り所として指摘する、『荀子』非十二子篇、『荘子』天下篇、そして『史記』太史公自序は、明らかに網羅的である。『荀子』非十二子篇は六種十二人の思想家とその追随者たちを批判しており、『荘子』天下篇は（荘子みずからを含む）六種の思想家集団を批判し、そして『史記』太史公自序に載せられた司馬談「六家の要指」も六種の思想家集団を検討している。これら三つの書物に見えるのは、大げさに言えば、戦国秦漢の諸子百家を対象とした学術批評ということになる。孟子の批判とは覆う範囲が異なるのは、明らかであろう。

第二節　批判精神の発露――『荀子』非十二子篇

『荀子』非十二子篇が、いつ誰によって書かれたものなのかは必ずしも明らかでないが、戦国時代の儒者である荀卿の学派に連なる儒者たちが書いたものとゆるやかに考えておきたい。この篇は次のように始まる。

今の世に邪説姦言を飾り立てて天下を乱し、誇張した偽りや奇怪な隠微の言を放って、人々を混乱させ是非善悪の基準も分からないようにさせる者どもがいる。

「邪説姦言を飾り立てて天下を乱し」などと、初めからきわめて挑発的な語りぶりである。以下に続く文章にも、他の集団に対する厳しい指弾が表現されていることを予想するのは難しくあるまい。まずは（一）它囂《たごう》・魏牟《ぎぼう》、（二）陳仲・史鰌《ししゅう》、（三）墨翟・宋鈃《そうけい》、（四）慎到《しんとう》・田駢《でんべん》、（五）恵施《けいし》・鄧析《とうせき》の、五種十人の思想家たちに対する批判を見てみよう。

（一）性情のおもむくまま放縦をよいこととして禽獣のようにふるまい、とても礼儀にかなって世を治めるのに通ずることはできないのに、主張には根拠があり、議論には理屈が通り、愚かな民衆を騙すだけの力がある者、それが它囂・魏牟だ。

（二）性情を無理に押し殺して高踏的な立場で超然独行し、世俗の人に異を立てるのをすぐれたことと考え、とても大衆とともに社会生活を営みその根本規範を明確にすることはできないのに、主張には根拠があり、議論には理屈が通り、愚かな民衆を騙すだけの力がある者、それが陳仲・史鰌だ。

（三）天下を統一し国家を立てるための要点を知らず、功利実用を重んじ、倹約を重視して、ものごとの区別差等をなおざりにし、社会階層の存在を受け入れて君臣の秩序を立てることもできないのに、主張には根拠があり、議論には理屈が通り、愚かな民衆を騙すだけの力がある者、それが墨翟・宋鈃だ。

（四）法を尊重しながら法を無視し、修養を軽視しながら説を立てるのを好み、君主に聞き入れてもらおうとしながら、民衆にも認めてもらおうとして、一日中弁論して書物を作っているが、それを反省してみると現実離れしていて帰着するところがなく、とても国家を治め分を定めることはできないのに、主張には根拠があり、議論には理屈が通り、愚かな民衆を騙すだけの力がある者、それが慎到・田駢だ。

（五）古代の先王を模範とせず礼儀も認めず、奇怪な言辞を弄ぶのを好み、たいへんに明晰ではあるが賢くはなく、弁舌は多いが役に立たず、仕事は多いが手柄は少なく、世の綱紀を治めてゆくことはできないのに、主張には根拠があり、議論には理屈が通り、愚かな民衆を騙すだけの力がある者、それが恵施・鄧析だ。

ありとあらゆる論敵を向こうに回して、相手の主要な思想を踏まえながらも、その弱点に応じた厳しい言葉で批判を加えている。墨翟・宋鈃を例にとれば、「功利実用を重んじ、倹約を重視して」という部分などは、現在にも伝わる『墨子』の思想と合致しており、十二子篇の作者が彼らの思想を熟知していたことを示しており、一方、「天下を統一し国家を立てるための要点を知らず」、「ものごとの区別差等をなおざりにし、とても社会的階級を容認して君臣間の秩序を立てることはできない」などというのは、確かに彼らの思想をおさえた上で非難を加えたものである。

そして、五種の思想家たちの批評を締めくくる言葉は、決まって「主張には根拠があり、議論には理屈が通り、愚かな民衆を騙すだけの力がある者」、訓読すれば「其れ文を持して故有り其れ之を言いて理を成し、以て愚衆を欺惑するに足る」者、であった。「以て愚衆を欺惑するに足る」、つまり民衆に影響を及ぼす力量があるからこそ、批判の対象とされたのであろう。

また、「之を言いて理を成す」という部分は、批判対象の思想家の主張は、少なくとも理屈だけは通っていることを認めるものである。批判を加えてその主張が通らないことを説いて基本的には相手の思想を否定するが、それぞれの思想家たちのその一点だけは認めている。『荘子』天下篇にも同じように、批判対象への基本的な否定と、部分的な肯定とが同居している。そしてそのことは「六家の要指」も同様なのである。

非十二子篇は、さらにあと一種二人の思想家、子思《しし》・孟軻《もうか》に対する批判を述べている。

基本的には先王にのっとってはいるが大本を知らず、見たところゆったりとはしているが資質は激しくて大望を抱き、見聞は雑然と博い。昔のことを考えて自説を作り上げそれを「五行」と名づけているが、とてもよこしまで規範がなく、考えを隠して説かず、人に見せず説明しない。それでいながら言葉を飾って荘重に仕立て、「これこそ本当の先君子の言葉である」と主張する。子思が始めに唱え、孟軻がそれに追従した。世俗の愚かな儒者は大声でわめきはしても彼等の非を知らず、それを受け入れて伝え、仲尼や子弓（游）は子思と孟軻のおかげで後世に重んじられていると思い込む。これが子思・孟軻の罪だ。

子思は孔子の孫であり、『礼記』の「中庸」篇の著者と伝統的に目されてきた人物で、孟軻は言わずと知れた孟子である。同じ儒家の先人である思想家たちを「とてもよこしまで規範がなく、考えを隠して説かず、人に見せず説明しない」などと、過激に批判している。大きく見れば儒家という同じ学派に属する人々にもはばかることなく矛先を向ける非十二子篇の態度は、ある意味、自由闊達な気風、批判精神の発露を現したものと言えないか。

しかしながら、のちの儒者は必ずしもそうは考えないようで、この非十二子篇の内容は、伝承上の過誤のせいで間違っている、などという見方もある。また『荀子』の成書からさほど遠くない時期に書かれたと考えられる『詩』の解釈書、『韓詩外伝』巻四には、非十二子篇の議論を踏襲する一章が見えるが、批判の対象は「十子」のみで、子思・孟軻に対する批判の部分は省かれている。このことは早くも南宋の学者、王応麟《おうおうりん》も指摘したことで、王氏は「愚謂《おも》う、荀卿の子思・孟子を非とするは、蓋し其の門人の韓非・李斯の流の如《ごと》きもの、其の師説に託して、以て聖賢を毀《そし》るならん、当《まさ》に『韓詩』を以て正と為すべし」(『困学紀聞』巻十)といい、つまり、もともと荀卿は子思・孟軻の批判などしておらず、その批判は門人が「師説に託して」作った部分だから、『韓詩外伝』の方が正しい、という主張である。この篇を荀卿が書いたとは私も思わないが、しかし、『韓詩外伝』が『荀子』に依拠しつつ、意図的に子思・孟軻の批判のみを省いたと考える方がよい。『韓詩外伝』の編者も、非十二子篇の批判精神はあまりにも過激なものと感じたのであろうか。

第三節　道術の衰え——『荘子』天下篇

『荀子』非十二子篇と『荘子』天下篇、どちらが先に成立したのか、これについては確証がないが、非十二子篇が挙げた十二名のうち、墨翟・宋銒・慎到・田駢・恵施の五名は、『荘子』天下篇においても批評されているので、大まかな意味での時代の近さはあるのだろう。

『荘子』天下篇が諸子に対する包括的な批評を行なっていることについては、すでに前章にて述べた（三六〜三七頁を参照）。古代の「道術」が、時降って戦国時代にまで伝えられて「方術」となり、諸侯の統治を助ける様々な言説となっていった。しかし、「古人の大体」、つまり古代人たちが体得していた真理の全体を、後世の人間たちはそれぞれ一部ずつしか理解できず、各種各様の「一曲の士」とならざるをえなかった。そのような学術観であった。

以上は天下篇の冒頭に示された大まかな見取り図だが、その総説部分に続き、より具体的に当時存在していた様々な思想・言説を、自己の思想との比較のもとで述べている点に興味がある。俎上に載せられているのは、（一）墨翟・禽滑釐《きんかつり》らの学、（二）宋銒・尹文《いんぶん》らの学、（三）彭蒙《ほうもう》、田駢、慎到らの学、（四）関尹《かんいん》、老耼《ろうたん》らの学、（五）荘周《そうしゅう》の学、そして（六）恵施の学である。

そのうちのひとつ、（一）墨家を論じた部分を見てみたい。

後世の人々に贅沢をさせず、万物に飾り立てることをさせず、（先王の立てた）定めを明らかにもせず、規則を立てて自分たちを励まし、そうして世の危急に備える。いにしえの道術には、これを重んじたものがあった。墨翟・禽滑釐はその教えを聞いて喜んだが、やり方が度を過ごし、自分たちが満足するにすぎない。（音楽を非とする）「非楽《ひがく》」篇を著し、また（節約を主張する）「節用」篇と名づけ（る文章を書いて）、生きている間は歌も歌わず、人が亡くなっても弔わない。

墨子は、ひろく人を愛し、利をわかちあい、戦いを非とした。その方法は他人に腹を立てないことであった。また学問を好んで大きく構え、人に異を唱えさせぬようにさせたが、それは先王の道とは同じではなく、古代の儀礼や雅楽を排斥した。

「縄墨を以て自ら矯《た》め、而して世の急に備う」という方法をとる、ある種の「いにしえの道術」があって、その価値を認めて従ったのが、墨翟・禽滑釐らであった。「汎《ひろ》く愛す」、「利を兼ぬ」、「闘を非とす」といったモットーを共有して世を治めようとしたが、しかしながら、儀礼で必要とされた音楽の実践を拒否し、万民に節約生活を強要し、人間にとって必須とされた喪礼を批判するなど、世の常識に反するところがあって、そのまま受け入れられることはなかった。以上のような内容である。天下篇の作者が墨家の思想を十分に理解していることが知られよう。

墨子の思想が古代の「道術」から派生したことを述べ、さらに彼らの主張を簡潔に示し、そのうえでその短所まで指摘している。このあと、墨子らについてさらに詳しい論評が続く。自分の立場に基づき、異なる立場の人々を批判して終わるだけではない。

（四）関尹、老聃らの学についても、同様に古代の「道術」との関係や、主張の内容などが、墨子らの場合と同様、詳しい批評が加えられているが、「常に物に寛容たり、人を削らず、至極と謂うべし。関尹・老聃こそ、古の博大なる真人かな」と讃えられており、『荘子』に見られる主張との近似性が評論においても言い表されている。

また、（五）は面白い。『荘子』という書物の中で諸子を次々論じながら、荘周（荘子）その人にまでが議論が及んでいるのだから。『荘子』の代表的な注釈者である、西晋の郭象は、荘子自身が天下篇を書いたと考えているため、「平意を以て己を説く」、つまり淡々と自分自身を語っている、と解釈した。現代的な観点からすると、この篇を書いた人物が誰なのかは未詳とせざるをえないものの、『荘子』の中で荘子が論評されているということ自体が珍しい。

さらに（六）の部分は、それに付随するかたちで荘子の友人であったとされ、『荘子』の中にもたびたび登場して荘子と問答する恵施を論ずる。恵施は古代中国の論理学たる「名家」の学を伝えた人で、その学説のうち、「今日、越に適《ゆ》きて、昔、来たる」といった、日常言語を故意に破綻させ、論理を取り扱う問題が、数十ほどもこの篇に列挙されている。（六）の部分は、篇の最後に付加的に置かれたものであって、前五者とは性質が異なるという見方もあるが（金谷治氏『『荘子』天下篇の意味』はこの部分について、「天下篇としての一篇のまとまりからいうならば、蛇足の感をまぬがれない。恐らくは本来の天下篇は、荘周のことを述べた以上で終わっていたものであろう」という。同稿、四〇頁）、いずれにせよ総体として見れば、この天下篇は、さまざまな立場、思想、学問を自在に論評したものであり、古代学術のひとつの決算であると言えよう。批評・評論という知的な行為は、単なる自説の主張とは異なる視野を我々に与えてくれるのである。

なお、金谷治氏は、この天下篇で論評された六種の思想家の中に、儒家と法家が含まれないことに注目し、「儒・法二家が軽く扱われた理由は、実はそれがこの古の道術から遠いもの、あるいは背くものとせられた為」だといった（同上、四七頁）。なるほど、天下篇は儒家・法家を本格的には論じていない。ただ天下篇の作者が、儒家は「道術」と関わりのない浅はかな思想とみなして軽視したとまで言えるかどうか。このことの意味は、ひとまず謎として遺しておいてもよいように思われる。

第四節　学派内部の分裂をめぐって――『韓非子』顕学篇

『荀子』非十二子篇や『荘子』天下篇は――天下篇で荘周が批判されているというような例外はあるが――、大体において、みずからの立場から他の思想家もしくは思想家集団を批判するという趣旨であった。しかしながら、ある思想が個人の営みを超えて集団の中で共有されるようになれば、必然的に、その思想の内部に様々な分岐が生じる。仏教やキリスト教の歴史的な展開において、それぞれ様々な宗派が存在してきたことを思えばすぐに了解されることであろう。それと同じようなことが、たとえば儒教においても孔子没後すぐに起こったようで、すでに引用した漢志の冒頭は、「昔し仲尼没して微言絶つ」と始まるが（四三頁を参照）、誰が「本当の」孔子の教えを伝えているのかという問いをめぐり、その弟子門人たちの間には、分岐が生まれざるを得なかったのであった。

儒家・墨家の教えの内部において、さまざまなセクトがその解釈の正しさを主張しあい、自分たちこそが儒家の本当の教えを伝えるものだ、自分たちこそが墨家の本当の教えを伝えるものだ、などと、互いに排他的になっていた事態について、『韓非子』顕学篇は次のようにいう。

儒者は八派、墨者は三派に分裂し、その主張は相反するが、みなそれぞれに真の孔子や墨子を伝えると自称している。しかし孔子や墨子を蘇らせることができぬ以上、誰が後世の学問を見定めることができよう。その孔子と墨子はともに堯《ぎょう》・舜《しゅん》を祖述するが、その主張は同じでなく、どちらも真の堯・舜を伝えると称している。しかし堯・舜を蘇らせることができぬ以上、誰が儒・墨の誠実さを見定めることができよう。

今を遡ること、殷・周は七百余年、虞《ぐ》・夏《か》は二千余年であるが、それでも儒・墨がその真を伝えているか否かを見定めることはできない。それなのに堯・舜の道を三千年の昔に遡って審らかにしようとしても、おそらく断言はできまい。確証もないのに断言するのは愚か者であり、断言できないことを論拠に用いるのは嘘つきである。それゆえ先王を自明な論拠とし、堯・舜について断定的に語る者は、愚か者か嘘つきかのどちらかである。

『韓非子』のこの一節が書かれた頃、儒墨の解釈はこのような分裂の状況に陥っていた。儒家の解釈が分かれた原因について、『漢書』芸文志は、孔子やその弟子たちの死後、彼らの真意が失われ、解釈が多様になりすぎたという。しかし事情はおそらくそうではなく、解釈という行為は本来自由な行為であるため、多様な解釈がいくらでも成り立ちうるという構造に起因する解釈の分裂である。しかも、みずからが重んずる典籍についてこそ人は熱心に解釈を施してゆくものである。かくして、当事者たちは自分たちの解釈を堅持して議論をたたかわせたのである。

このような解釈上の対立は、漢代において、主に六芸の解釈において先鋭化した。たとえば『漢書』芸文志六芸略によると、『易』は、施氏・孟氏・梁丘氏の三家の「経十二篇」があった以外に、その注釈たる『易伝』として、周氏二篇、服氏二篇、楊氏二篇、蔡公二篇、韓氏二篇、王氏二篇、丁氏八篇、古五子十八篇、淮南道訓二篇の書物が載せられている。書物化されて宮中に蓄えられたものだけでも、前漢末にこれだけの注釈が存在したのだから、それ以外にも多くの解釈が前漢時代にあったと想像できる。これは『易』に限ったことではなく、六芸略所収の経典に通有の現象なのである。

『韓非子』顕学篇は、儒家と墨家の解釈が乱れている当時の状態を指摘して批判したものであり、学問の源と流れを分析する目録学的な思考と直接に関わるものではない。しかしながら、諸子たちが活躍する渦中に身を置いて、同一学派内部での混乱に着目した『韓非子』の着眼点は興味深い。この思考が劉向・劉歆に影響を与えたというのではないが、戦国末頃の学術史の重要な一面を伝えるものであり、『漢書』芸文志を読み解くためにも有益な視点を提供してくれるので、行論のついでに紹介した。

第五節　司馬談の学術観

『漢書』芸文志に影響を与えたと章学誠が考えた三つの文献のうち、時代的に最も漢志に近いのが司馬談「六家の要指」である。

『史記』の最後の篇は「太史公自序」と名づけられており、これは『史記』の序文であるとともに、司馬遷とその家族の伝記も兼ねる一篇だが、それを読むと、『史記』という著作には、司馬遷のみならずその父である司馬談の強い思いもこめられていることが知られる。

太史公といえば司馬遷のことが思い浮かぶが、『史記』においては、その父もまた太史公と呼ばれている。以下の文にいう太史公は、父の司馬談の方である。「太史公は天官を唐都に学び、『易』を楊何に受け、道論（道についての考え方）を黄子に習う。太史公は建元、元封の間（前一四〇～前一〇五）に仕え、学者の其の意に達せず、師ごとに悖《もと》るを愍《あわ》れみ、乃ち六家の要指を論じて曰く」、といって、以下の一文を載せる。漢代初期におけるひとつの学問観を示す、恰好の史料となっている（なお、この司馬談「六家の要指」は、『漢書』司馬遷伝にも取られている）。その冒頭部に次のようにいう。

『易』繫辞伝に「天下は一致するのだがそこには百の思いがあり、同じところに帰着するのだがそこに到る道は異なる」という。陰陽・儒・墨・名・法・道徳の教えは、治世に務めようというもので、ただ根拠にして発言するところが違い、重視したり重視しなかったりする点があるのが異なるだけだ（基本に立ち戻れば一致する）。

このように、六家が道を異にしながらも究極的には一致するという思想のもと、それぞれの教えの得失を簡潔に述べる。以下、少しだけかいつまんでみよう。

（一）陰陽家、「祥を大にして忌諱を衆《おお》くし、人をして拘《こだわ》りて畏るる所を多からしむ。然れども其の四時の大順を序するは、失すべからざるなり」。

（二）儒家、「博くして要寡《すく》なく、労して功少なし、是を以て其の事は尽《ことごと》くは従い難し。然れども其の君臣父子の礼を序し、夫婦長幼の別を列するは、易《か》うべからざるなり」。

（三）墨家、「倹にして遵《したが》い難し、是を以て其の事は徧《あまね》くは循《したが》うべからず。然れども其の本を彊《つよ》くし用を節するは、廃すべからざるなり」。

（四）法家、「厳しくして恩少なし。然れども其の君臣上下の分を正すは、改むべからざるなり」。

（五）名家、「人をして倹にして善く真を失せしむ。然れども其の名実を正すは、察せざるべからざるなり」。

（六）道家、「其の術為るや、陰陽の大順に因り、儒・墨の善を采《と》り、名・法の要を撮り、時と与《とも》に遷移し、物に応じて変化し、俗を立て事に施し、宜しからざる所無く、指《し》は約にして操《と》り易し、事少なくして功多し」。

（一）から（五）については、まずは相手の思想がうまく行かない理由を簡単に述べ、それに続けて、「然れども」とついで、その思想がやはり必要であることを言う。それぞれの思想の得にも失にも言及したわけである。その一方、（六）の道家（道徳家）に対してだけは、賞賛一辺倒であり、批判めいた言葉はなく、原文ではさらに饒舌に道家の素晴らしさを語っているのである。

以上のようにいった上で、司馬談はさらに陰陽・儒・墨・名・法・道徳のそれぞれについて、特徴とその短所と長所とをより詳しく分析してゆく（道徳については短所を述べない）。たとえば儒を次のように論評した。

儒者は六芸を基準としている。六芸の経と注釈は数千ほどもあり、何世代重ねてもその学に通ずることはできず、年数をかけてもその礼を究めることはできない。それで先ほど「博くはあるが要点が乏しく、苦労しても成果が少ない」といったのだ。しかし、君臣や父子の間の礼を整え、夫婦や長幼の間の区別にけじめをつけることについては、その他の百家もそれを改めることはできない。

こういった諸家の得と失とを批評しようという精神は、『漢書』芸文志に直接的な影響を与えている。例として、諸子略道家の小序を見ておきたい。

道家者流は、考えるに史官に由来するものであり、成敗存亡禍福古今の道を順序立てて記録し、そうしたうえで、根本をつかむことを知り、清く己を虚しくして自己を守り、身を低くして保つが、これは民に君臨する人が南面して治めるための術である。堯の「克譲」の態度、『易』(謙卦)の「謙」の姿勢と合致し(つまり謙譲の美徳を発揮し)、自分が謙虚になることで四周の人々は利益を得、これが道家の長所である。しかし放逸な者がこの思想を実践すると、礼と学問を滅ぼし、仁義をもろとも棄ててしまい、それで「ひたすら清く虚しい態度に委ねれば、政治ができる」などと言い出す。

ここでは、まず道家が史官に由来することを説き、それが「清虚にして以て自ら守り、卑弱にして以て自ら持す、此れ人に君たるもの南面の術なり」と評価し、治世のための術であるという。しかもそれは、『尚書』に見える堯の態度や『易』の精神にも合致すると認める。しかし漢志は、その長所をほめるばかりでなく、短所を指摘することも忘れず、「放者が之を為すに及び、則ち礼学を絶去し、兼ねて仁義を棄てんと欲す」と最後に付け加えている。

「六家の要指」では、まずある思想の短所を述べ、次にその長所を述べたが、漢志では表現の順序が反対になっている。そういう違いはあるものの、得と失とを両方とも述べることについては、共通点を見ることができよう。

以上、本章にて触れたいくつかのテクスト、すなわち『荀子』非十二子篇と『荘子』天下篇、そして『史記』太史公自序をやや詳しく読んでみると、学問を論評するそれらの文章の精神は、本書の主題である劉向・劉歆らの学術観に重要な影響を与えたものと見える。本章の冒頭に引用した章学誠の見通しは、やはり正しいものであったと思える。

ところで、司馬談「六家の要指」は特に道家を重んじたが、その考え方は、少なくとも後漢初期の人には反感を抱かせるものであったらしい。『漢書』の基礎を作った班彪《はんぴょう》（班固の父）は、『史記』を評して次のように言っている。

其の術学を論じては則ち黄老を崇めて五経を薄《うと》んじ、貨殖を序しては則ち仁義を軽んじて貧窮を羞じ、游俠を道《い》いては則ち守節を賤しんで俗功を貴ぶ。此れ其れ大敝にして道を傷つけ、極刑の咎《とがめ》に遇う所以なり。（『後漢書』班彪伝）

この班彪の評について、吉川忠夫氏は次のように説く。「六家の学術のなかで道家に最も高い価値を認め、五経にもとづく儒家を「博にして要寡なく、労にして功少なし」と貶めているのは司馬遷その人ではなく、実は司馬談の「六家要指」なのである」、それに加えて、「貨殖列伝や游侠列伝で仁義や守節の徳が軽視されていることに班彪は不満であったのであり、司馬遷が腐刑という極刑の咎を受けることとなったのもそのせいだと言うに至っては、八つ当たりの気味さえ感ぜられる」、と（『読書雑志』、七頁）。

司馬遷の父の司馬談から、班固の父の班彪にいたる間に、時代の気風は大きく変化していた。後者の時代には、すでに治世のための方法として道家の思想が最も優れているというような司馬談風の考えを有する余地は、すでにほとんどのこされていなかったのである。その間に何が起こったのかについては、次章にてそのあらましを述べよう。

コラム

荀子は子思と孟子を批判したのか

先秦諸子の書は、思想家個人の著作ではなく、むしろ、ある思想家を核としながらも、その思想家を取り囲む集団によって長い年月をかけて思考され、伝えられ、最後に書き留められたものが多い。『荀子』という書物もまた、荀子の個人的な著作ではなく、荀子の一派が伝承した内容を順次、文字化してゆきながら一定のまとまりをとるにいたったものと考えられる。

さらにそれを劉向が整理し、また唐代の楊倞《ようりょう》という学者が再編したものが、現行の『荀子』である。『荀子』非十二子篇は、「往旧を案じて説を造《な》し、之を五行と謂い、甚だ僻違にして類無し」といって子思・孟子の説を指弾する。荀子がこの篇を書いたという証拠はないので、彼個人の考えは問題にできないが、いずれにせよ、このまぎれもない儒家の書に、同じ儒家の有力な先達に対する批判が見えるのは、かなり奇妙な話であろう。

非十二子篇は、子思らが「五行」を説くと批判するのだが、これが従来よく分かっていなかった。五行といえば、木・火・土・金・水を世界の構成要素と考える説が思い浮ぶが、子思らはそれを説いたというのか。ともかく、子思たちと五行の関係が不明瞭であった。

しかし、一九七〇年代に湖南省長沙馬王堆漢墓から『五行篇』の帛書が、さらには一九九〇年代に湖北省郭店楚墓からも同書の竹書が出土した。これらの研究によって、非十二子篇が批判した当時の学術状況が垣間見えるようになってきた。

帛書『五行篇』は「経」と「説」とから成っているが、そのうち「経」部分については、子思の作とみなされる（末永高康『性善説の誕生』、四八頁）。そしてそこに、仁・義・礼・智・聖の五者が「五行」であるとされていたのだ。やはり子思らは五行を語っており、非十二子篇はそれを批判していたのである。後世の儒者からすれば信じられないような行為かも知れないが、戦国時代の儒家は、そのように儒者同士で争ったのであろう。

第三章　前漢時代の皇帝と学問

第一節　焚書のダメージ

戦国時代にさまざまな学派が競いあい、富国強兵を目指す諸侯の需要に応じており、百花繚乱の状態を呈したことはよく知られる。いわゆる「諸子百家」であるが、その多様性の一面が、『荀子』非十二子篇や『荘子』天下篇に見えることはすでに述べた。彼ら諸子の活動は、紀元前二二一年の秦始皇帝の統一によって、勢いをおしとどめられたが、それでも消えてなくなったわけではない。

しかし、始皇三十四年（前二一三）に、始皇帝が丞相の李斯《りし》（?～前二〇八）の上奏を聞いて実行したいわゆる「焚書」は、中国の書物文化に大きな打撃を与えた。李斯の主張は次のようなものであった。

臣請う、史官の秦記に非ざるは、皆な之を焼かん。博士官の職とする所に非ずして、天下に敢て『詩』、『書』、百家の語を蔵する者有らば、悉く守尉に詣《いた》りて雑《まじ》えて之を焼かしめん。敢て『詩』『書』を偶語する者有らば、棄市《きし》。古を以て今を非る《そし》者は族。吏の見知して挙げざる者も与同罪《よどうざい》。令下りて三十日にして焼かざるものは、黥《げい》して城旦《じょうたん》と為せ。去らざる所の者は、医薬・卜筮《ぼくぜい》・種樹の書。若《も》し法令を学ぶこと有らんと欲せば、吏を以て師と為せ。（『史記』秦始皇本紀）

李斯の主張の要点は以下のようにまとめられよう。

・「秦記」と呼ばれる秦国以外の諸国の正式な記録を焼却すること。
・「詩書」（おそらく六芸の書を指す）、および「百家の語」（諸子百家の書）を書物として所持している民間人は、役所に届け出てすべて焼却すること。ただし、「博士官」が職掌としてあつかうそれらの書物は除く。
・『詩』『書』について話題とする者がいれば、棄市の刑（死刑の一種）。古代を持ち出して今の世を非難する者は、族刑（一族まで連座させて死刑にする）。官吏が以上のことを知りながら検挙しなければ、罪を犯した者と同罪。令が発布されて三十日以内に焼かない場合は、黥城旦（額に入墨を施した上での労役刑）とする。
・「医薬・卜筮・種樹の書」は禁止から除外する。
・法令を学びたい者は、官吏を師として学ぶこと。

この李斯の上奏を、始皇帝は裁可した。そのせいで、この中国史上まれに見る、かなり極端な政策が実行された。「挟書律」である。定量的なコメントはできないが、民間に流布していた、かなりの量の書物が焼かれたことは想像に難くない。

なお、前漢時代になっても、この「挟書律」は相変わらず保持されて、これが廃止されるのは、恵帝四年（前一九一）を待たねばならなかった。ただし、この律が前漢初期において、どの程度、積極的に運用されていたのかはおのずと別問題で、まったく実効性がなかった可能性もある。

漢初の事情はさておいて、前漢の人々は、始皇帝のこの文化破壊的な政策を激しく非難した。漢初を代表する才人、賈誼《かぎ》（前二〇〇～前一六八）が、秦の過ちを批判する「過秦論《かしんろん》」（『史記』秦始皇本紀に収める）という一文において、「先王の道を廃し、百家の言を焚《や》き、以て黔首《けんしゅ》（民衆）を愚かにす」と言ったのは、その代表的なものであろう。

司馬遷も、「秦の季世にいたるに及び、『詩』『書』を焚き、術士を阬し、六芸、此に従《よ》りて欠く」（『史記』儒林伝）と言っており、「六芸」が当時、欠損していたこと（『尚書』が不全となり、『周礼』の冬官が欠けていたことなど）の責任を、秦の焚書に帰《き》している。秦の焚書は、後世、隋の牛弘《ぎゅうこう》が「書の五厄《ごやく》」を数え上げた時、その第一に挙げられるほど悪名高く、先秦時代の古書が失われた原因については、まずは秦を責めるのが伝統的に当たり前の論調であった。

しかしながら宋の鄭樵《ていしょう》が、その名も「秦は儒学を絶たざるの論」（『通志』校讐略）と題する一文において、「後世の経に明らかならざる者、皆な之を秦火に帰し、学者をして全書を覩《み》ざらしむというは、未だ疑いて以て疑いを伝うるを免れず」と言ったように、六芸の不全について秦の責任を問う説の多くは憶測であって、あらゆる書物や学術の不備を秦のせいにするのは不当であろう。

第二節　漢初の学問好尚の変化

どのような学問が好まれるのかについては、言うまでもなく、時代や環境による変化が影響を与える。

流行というと軽くなりすぎるが、やはり時代の好尚の変化というものはある。特に統治者がどのような学術や思想を重んじたのかが、その変化に影響を与える。

後漢以降の歴代王朝が、濃淡の差こそあれ、制度によって儒教の地位を保ち続けたゆえに、少なくとも建前としては儒教一尊が二千年も守られたということもあり、伝統中国の学術ならびに思想の変化が多少見えづらくなっているが、それに比して、前漢時代におけるそれらの変化は大きかったというべきであろう。以下、学術・思想に対する、皇帝やその周囲の態度を見ておきたい。

高祖劉邦《りゅうほう》は、もともと学問にも思想にも無関心であった。当時の学者、陸賈《りくか》（生没年未詳）がしばしば『詩』『書』を引用して高祖に説いたところ、これに対して高祖は、「乃公《だいこう》は馬上に居りて之を得たり、安《いず》くんぞ『詩』『書』を事とせんや」と罵った（『史記』酈生陸賈列伝）、というのはよく知られたエピソードであろう。しかし、その陸賈が国家の存亡に関する書物十二篇を著し、「一篇を奏する毎《ごと》に、高帝、未だ嘗て善を称《たた》えずんばあらず、左右、万歳を呼び、其の書に号して『新語』と曰う」と『史記』の記述は続くのだから、高祖といえども、陸賈による感化を受けはしたのだろう。

また、漢高祖七年（前二〇〇）のこととして、長楽宮が落成したのを祝賀するために群臣が朝見する際、大儒の叔孫通《しゅくそんとう》（生没年未詳）が入念にその儀礼を制定し、その儀に臨んで感動した高祖は、「吾迺《すなわ》ち今日、皇帝の貴しと為すを知るなり」と言ったというので、これを機に礼楽の価値を知るようになったとされる。さらには前述のように、『漢書』芸文志の大序に、漢初には「秦の敗を改め、大いに篇籍を収め、広く献書の路を開く」とあることからすると（四五頁を参照）、高祖の治世下にあっては、書物を重視する政策も取られたのであった。儒教を全面的に重視したというわけではないが、もともと学問などには ほとんど関心のなかった高祖も、即位後には少なくとも部分的には六芸の有用性を認識していたことであろう。

高祖を継いだ恵帝（在位、前一九五～前一八八）、そしてその崩御後に国政を掌握した高祖の皇后であった呂后（前二四一～前一八〇）が、目立った学術重視の政策をとったことは確認できない。

続く文帝（在位、前一八〇～前一五七）は、「道家の学を好む」（『史記』礼書）とも、法家の思想「刑名の言」を好むとも言われている。狩野直喜《かのなおき》は「同じく『史記』の記事でありながら、一方では道家の学を好むとあり、一方で刑名の言を好むとありて、互いに矛盾したるように見ゆるけれども、御承知の通り、『韓非子』に解老・喩老篇ある如く、道家の或方面を取りて之れを民を治むるの具としたのが、刑名である」（『両漢学術考』、二七頁）と言い、両者を一体のものとしてとらえている。道家・刑名を儒家以上に重んじたことは間違いない。

景帝（在位、前一五七～前一四一）も儒教を重視せず、その母の竇太后《とうたいごう》が黄老《こうろう》の術を愛好していたため、その風潮が広まった。『史記』外戚世家に、「竇太后は『黄帝』『老子』の言を好み、景帝及び太子・諸竇も『黄帝』『老子』を読み、其の術を尊ばざるを得ず」とある（『漢書』外戚伝上もほぼ同じ）。

第三節　武帝と儒教

武帝（在位、前一四一～前八七）は、即位直後の建元元年（前一四〇）、「賢良方正直言極諫の士」を推挙させた。これに対し、丞相の衛綰《えいわん》は、「挙ぐる所の賢良、或いは申、商、韓非《かんぴ》、蘇秦、張儀の言を治め、国政を乱す。請うらくは皆な罷《や》めん」、と上奏し、これが裁可された。ここに名の挙げられている申不害《しんふがい》・商鞅《しょうおう》（商君）・韓非は、『漢書』芸文志にいうところの法家で、そして蘇秦・張儀は漢志にいうところの縦横家《しょうこうか》であり、こういった法家や縦横家の学を学んで推挙された「賢良方正直言極諫の士」がみな罷免されてしまった、というわけである。「賢良」などの人材を「公卿《こうけい》」（福井重雅氏「漢代賢良方正科考」によると、「ただ単に漠然とした中央の高官の総称や三公・九卿の略称であるのではなく、実はひろく郡国の守相やときには刺史までをも含めて、一定の察挙の有資格者を呼称する用語」とのこと）らに命じて推挙させる制度は、文帝の時代に始まったというが、ここにいたって法家や縦横家の学に依拠して官僚になろうとした者たちが排除されたことが分かる。

建元六年（前一三五）に竇太后が崩ずると、田蚡《でんふん》が丞相となり、（竇太后が信奉していた）黄老や刑名など百家の学説（原文は、「黄老刑名百家之言」）を廃し、その一方、文学儒者を数百人もまねいた。なかでも春秋学者の公孫弘《こうそんこう》（前二〇〇～前一二一）は、庶民の身から天子の三公にまでのぼり、元朔五年（前一二四）、「博士官の為に弟子五十人を置き、其の身を復《ほく》せん」（「復」は税を免除すること）といい、また「請うらくは功令に著わさんことを」という上奏を行った（『史記』儒林列伝、および『漢書』儒林伝）。公孫弘自身は、曲学阿世と評された人物で、偉大な学者でもなかったようだが、武帝に重用されたために大きな影響力を持ったのである。冨谷至氏も「公孫弘の上奏に基づく博士弟子員設置と経学習得者の官吏任用規程（功令）の立法措置により、儒学が官吏の学ぶべき学問として立法化された」と書いたように（『文書行政の漢帝国』、四七頁）、この公孫弘の上奏文が裁可されたことで、儒教の地位は不動のものとなった。

同年六月に、次の詔が発せられたのであった。

蓋し聞く、民を導くに礼を以てし、之を風するに楽《がく》を以てす、と。今《いま》礼は壊れ楽は崩れ、朕甚だ焉《これ》を閔《あわ》れむ。故に詳《ことごと》く天下の方聞の士を延《ひ》き、咸《み》な諸《これ》を朝に薦《すす》めよ。其れ礼官をして学を勧め、講議し洽《あまね》く聞き、遺を挙げ礼を興し、以て天下の先為《た》らしめよ。太常、其れ予の博士弟子を議し、郷党の化を崇め、以て賢材を厲《はげ》ませ。（『漢書』武帝紀）

この詔にいう「方聞の士」とは、唐代初期の注釈者、顔師古《がんしこ》によると「有道博聞の士」、つまり道を体得した博学の人ということになろうが、この場合の「道」はむしろ儒教の道の謂いであろう。

なお、『漢書』百官公卿表《ひゃっかんこうけいひょう》に、「博士は秦官なり、古今に通ずるを掌り、秩は比六百石、員は多きは数十人にいたる。武帝の建元五年（前一三六）、初めて五経博士を置く」とあり、伝統的に中国史上の大きな画期とされてきた。実は、秦にも漢初にも博士官は置かれたのだが、五経博士はなかった。狩野直喜が「漢武以前のものは、単に博士というものなるに対し、武帝以後のものは、五経博士にして、苟も博士といえば、それが即ち某経の専門家であった」（『両漢学術考』、三七頁）と言った。それまでと異なり、六芸の一つに通じた者こそが博士官に就くようになったという理解である。

しかしながら、この五経博士設置については、一九六七年に福井重雅氏が「儒教成立史上の二三の問題――五経博士の設置と董仲舒の事蹟に関する疑義」という論文でその事実性を疑って以来、我が国の漢代史研究者、思想史研究者の間に多くの論争が生じた。この問題に関する比較的新しい総括として、保科季子氏「近年の漢代「儒教の国教化」論争について」があり、参考とすることができる。それによると、「武帝時代には「五経」という用語も定着していないことが明らかにされた結果、福井氏の五経博士に関する主張はほぼ受け入れられ、現在、「建元五年国教化」説を額面通りに堅持する研究者は皆無に等しいと思われる」という（同稿、四六頁）。国教化などという物々しい議論はとても私のよくするところではないが、『漢書』百官公卿表の記事まで疑ってよいものかどうか、確信を持つにいたっていない。守旧派との誹りを受けるのは覚悟の上で、六芸の一つに通じた者だけを博士官に就ける改革が行われたものと、考えておきたい。

以上のように、武帝は儒教を特に重んじ、「黄老刑名百家の言」を廃するという方針を明瞭に示した。これは先秦時代以来続いてきた、諸子百家の多様性にとどめを刺すものであったと言えるかも知れない。しかしながら、純粋な学問としてではなく、統治の術として見る場合、儒教の教養を持つ官僚ばかりが高官を占めるという状況はすぐには出来《しゅったい》せず、むしろ経済に長けた官僚たちや法律・刑罰を重んずる官僚たちとのせめぎ合いは次代以降に長々と持ち越された。

第四節　ポスト武帝時代から前漢末にいたる学問好尚

昭帝（在位、前八七～前七四）は、巫蠱《ふこ》の乱の後、皇太子に立てられた武帝の末子である。八歳で即位し二十一歳で崩御しており、その治世は大将軍の霍光《かくこう》（?～前六八）らに支えられたものであったので、とりたてて昭帝自身の学問好尚というほどのものは史料に現れていない。ただ、始元五年（前八二）六月の詔は、その儒教重視の姿勢を示している。

> 朕は眇身を以て宗廟を保つを獲《え》、戦戦栗栗、夙《つと》に興《お》き夜に寐《い》ね、古の帝王の事を修め、『保傅伝《ほふでん》』に通ずるも、『孝経』『論語』『尚書』は、未だ明らかなる有りとは云わず。其れ三輔、太常に令して賢良各二人、郡国をして文学高第各一人を挙げしめよ。（『漢書』昭帝紀）

『保傅伝』は、賈誼の作とされ、現在、『大戴礼記《だたいらいき》』の一篇となっているもの。それには通じたが、『孝経』『論語』『尚書』はまだよく分かっていない。十三歳の皇帝は、そのように言って、「賢良」「文学」の人材を求めたわけである。武帝も「賢良方正直言極諫の士」を求めたことを先ほど述べたが、この場合も同様に推挙させた。しかしこの時に求められたのは、文脈から言って、儒教の素養を持つ者たちであったはずである。若年であった皇帝がこの通りに書いたわけではあるまいが、時代として、儒教を重視したことがこの詔から読み取れる。

また、昭帝治世下の始元六年（前八一）、鉄・酒・塩の専売制に関する問題を中心として、大規模な塩鉄会議が開かれた。これは実質的に、国家財政を掌握していた御史大夫（三公の一）であった桑弘羊（前一五二～前八〇）と霍光との政策上の対立を背景としたとされる。その会議の内容を、宣帝の時代に桓寛《かんかん》という人物が『塩鉄論《えんてつろん》』としてまとめ、前者を「覇道」、後者を「王道」と位置づけて一部の書としたものである。『塩鉄論』において儒教の考えを体現した人々である「賢良文学」が持ちあげられているが、だからといって、皇帝自身が儒教に傾倒していたとただちに結論することはもちろんできない。ただ、塩鉄に関する議論があったことは事実であり、統治の手法として「儒」が重んじられてはいたが、一尊とはされていなかったことも同書から推測できる。

宣帝（在位、前七四～前四九）、劉病已《へいい》（のちに詢《じゅん》と改名）は、武帝の曾孫にして、戻《れい》太子の孫に当たる人物で、戻太子が巫蠱《ふこ》事件を起こしたため家族の多くは殺害され、まだ嬰児であった劉病已も捕らえられてしまったが、廷尉《ていい》の邴吉《へいきつ》のはからいでひそかに助けられ、のち大赦にあい、皇籍にもどされた。東海の澓中翁《ふくちゅうおう》という学者から『詩』を習い、「好学」とも評された一方、闘鶏や馬を走らせて遊ぶのを好んだ。たまたま昭帝に後継者がなかったため、劉賀という皇族が跡継ぎに選ばれたが、素行が悪く廃され、「師より『詩』『論語』『孝経』を受け、操行は節倹、慈仁にして人を愛す」という理由で次の皇帝に選ばれたのが、この劉病已であった。この時、劉向の父である劉徳がちょうど宗正《そうせい》（皇族の問題を掌る。一〇八頁を参照）であり、病已の住まいに出向き、「御府衣」を賜ったという（『漢書』宣帝紀）。

しかしこの宣帝、必ずしも「儒」を好んだわけではなさそうだ。『漢書』元帝紀に次のようなエピソードがある。

（宣帝の子で皇太子の劉奭《りゅうせき》――のちの元帝――は、）大人になると、穏やかな性格で儒を好んだ。宣帝が重用した者には法令に通じた吏（原文「文法吏」）が多く、刑罰によって下々を拘束した。……ある時、太子は皇帝の宴席に近侍した際、おもむろに言った、「陛下は刑罰の使い方が厳しすぎるようですので、どうぞ儒生をお使い下さい」、と。宣帝は色をなして、「わが漢家にはいうまでもなく制度があるのだ、もともと覇道と王道をまじえたものだ。純粋に徳教（儒教）の方にだけ任せて、周の政治を用いることなどできるものか。それに俗儒どもは時宜を理解しておらず、古をほめて今を譏《そし》るのを好むものだから、人は名実の違いに目がくらみ、何を守ればよいのか分からなくなってしまうのだ。どうしてあんな者どもに任せられるか」と言い、「わが漢王朝を混乱させるのは、太子だな」とため息をついた。

宣帝の「漢家には自《おのずか》ら制度有り、本より覇王道を以て之を雑《まじ》う。奈何ぞ純《もっぱ》ら徳教に任せ、周政を用いんや」という怒りを含む言葉は、この皇帝の本心から出たものなのであろう。この時点において、儒教のみが正統の統治法であるとは考えられていたわけでなく、むしろ覇道（法家）と王道（儒家）とをまじえて用いることが重視されており、興味深い史料である。

その一方で、宣帝は甘露三年（前五一）、禁中の石渠閣《せっきょかく》にて、儒教経典の様々な解釈の妥当性を問う会議、「石渠閣会議」を開催させた。これは経学史上、きわめて重要なことである。なお、この会議の内容については「議奏」という記録が作られて皇帝に奏上され、それが「（書）『議奏』、四十二篇」、「（礼）『議奏』、三十八篇」、「（春秋）『議奏』、三十九篇」、「（論語）『議奏』、十八篇」と、『漢書』芸文志、六芸略に著録されている。また、同、六芸略、孝経家の「『五経雑議』十八篇」にも「石渠の論」と班固の自注（班固自注は『七略』に由来する）が見えているので、これも石渠閣会議の記録と知られる。そのほとんどは失われたが、『礼議奏』の十九条が唐の杜佑『通典《つてん》』に引用されており、辺土名朝邦《へんとなともくに》氏はそれを分析し、「時代も人間も意識的にせよ無意識的にせよ、ようやく儒教的礼教主義に深く関わらざるを得なくなっているのであって、そういう過渡的状況の中で宣帝と石渠の礼議論とは結びついている」という結論を得ている（「石渠閣論議の思想史的位置づけ」、一五〇頁）。この石渠閣会議に加わった人物として二十二名が確認されており、その中に劉向もいるのであるが、これについては次章にて述べる（一一三頁を参照）。

さらに、『漢書』百官公卿表に「武帝の建元五年（前一三六）、初めて五経博士を置く。宣帝の黄龍元年（前四九）、稍《や》や十二人に増員す」とあり、石渠閣会議の二年後、黄龍元年に五経の定員が十二人に増やされたことが分かる。むしろ、儒教を強力に国家制度へと取り入れる政策を宣帝がとったのである。このことについては、著名な中国の経学者、沈文倬《しんぶんたく》氏（一九一七～二〇〇九）に「黄龍十二博士的定員和太学郡国学校的設置」という論文があり、厳密な考証のもとに以下の通り十二博士を確定しており貴重

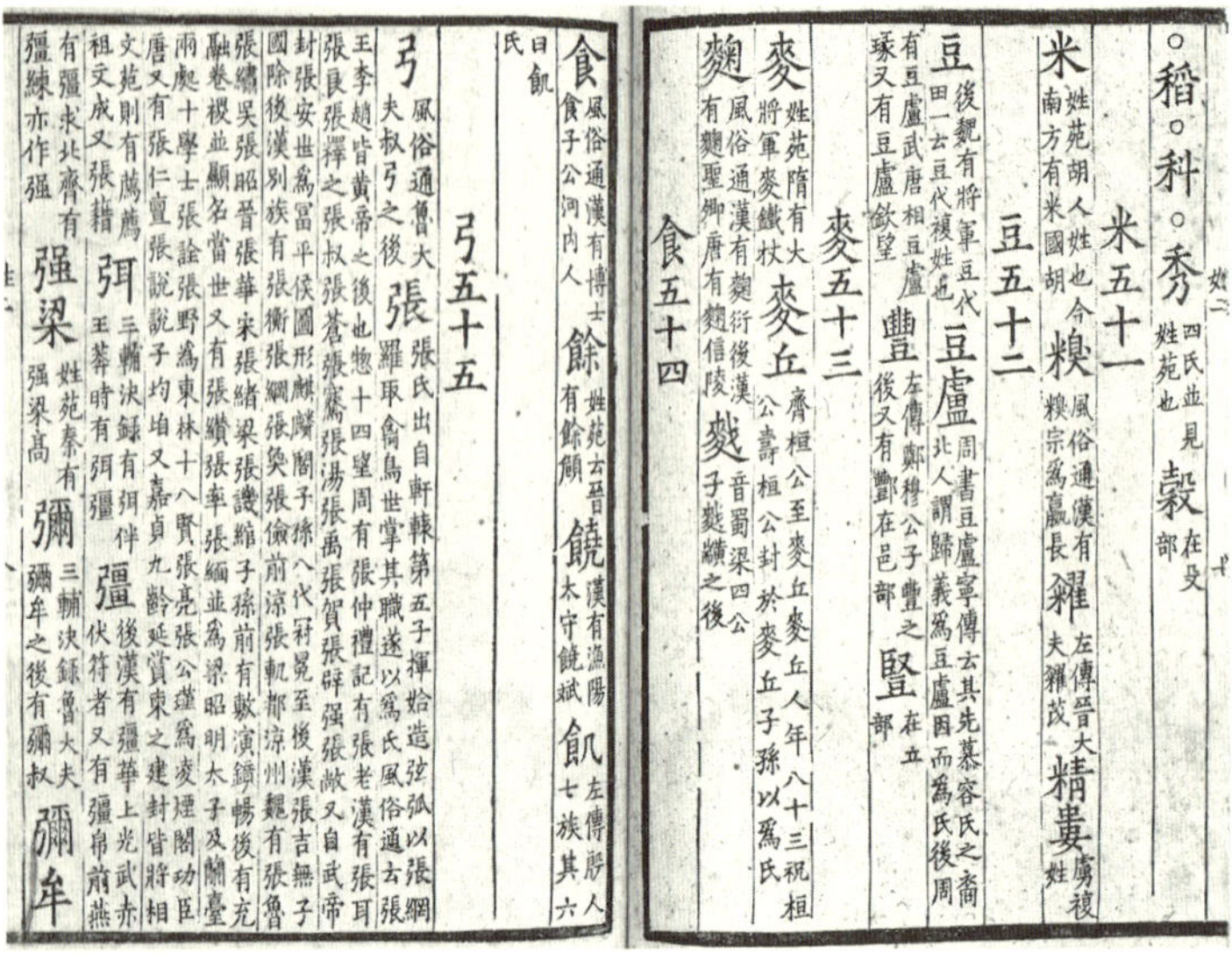
○稻○科○秀 四氏並見姓苑也 穀 在殳部
米五十一
米 姓苑胡人姓也今南方有米國胡 糗 風俗通漢有糗宗爲嬴長 羅 左傳晉大夫羅茂 精婁 廣複姓
豆五十二
豆 後魏有將軍豆代田一云豆代複姓也 豆盧 周書豆盧寧傳云其先慕容氏之裔北人謂歸義爲豆盧因而爲氏後周有豆盧武唐相豆盧琢又有豆盧欽望 豐 左傳鄭穆公子豐之後又有酆在邑部 豎 在立部
麥五十三
麥 姓苑隋有大將軍麥鐵杖 麥丘 齊桓公至麥丘麥丘人年八十三祝桓公壽桓公封於麥丘子孫以爲氏
麴 風俗通漢有麴衍後漢有麴聖御唐有麴信陵 麮 音蜀梁四公子麮爤之後
食五十四
食 風俗通漢有博士食子公河內人 餘 姓苑云晉有餘頠 饒 漢有漁陽太守饒斌 飢 左傳殷人七族其六曰飢氏
弓五十五
弓 風俗通魯大夫叔弓之後 張 張氏出自軒轅第五子揮始造弦弧以張網羅取禽鳥世掌其職遂以爲氏風俗通云張王李趙皆黃帝之後也惣十四望周有張仲禮記有張老漢有張耳張良張釋之張叔張蒼張騫張湯張禹張賀張辟彊張敞又自武帝封張安世爲富平侯圖形麒麟閣子孫八代封晃至後漢張吉無子國除後漢別族有張衡張綱張奐張倫前涼張軌鄴涼州魏有張魯張繡吳張昭晉張華宋張緒梁張譏緬子孫前有敷演鑽暢後有充融卷稷並顯名當世又有張纘張率張緬並爲梁昭明太子及蘭臺兩廡十學士張詮張野爲東林十八賢張亮張公瑾爲凌煙閣功臣唐又有張仁亶張說說子均垍又嘉貞九齡延賞東之建封皆將相文苑則有薦薦祖文成又張楷
弭 三輔決錄有弭伴王莽時有弭彊 彊 後漢有彊華上光武赤伏符者又有彊帛前燕有彊求北齊有彊練亦作強 強梁 姓苑秦有強梁高 彌 三輔決錄魯大夫彌牟之後有彌叔 彌牟

図4　『姓解』巻二に食子公の名が見える。食は珍しい姓だが誤字ではない。

である。すなわち、施『易』（施讐《ししゅう》）・孟『易』（白光《はくこう》）・梁丘『易』（士孫張《しそんちょう》）・欧陽『書』（林尊《りんそん》）・大夏侯『書』（牟卿《ぼうけい》）・小夏侯『書』（張山拊《ちょうざんふ》）・魯『詩』（薛広徳《せつこうとく》）・韓『詩』（食子公《しょくしこう》）・斉『詩』（匡衡《きょうこう》）・后《こう》『礼』（戴聖《たいせい》）・公羊『春秋』（厳彭祖《げんほうそ》）・穀梁『春秋』（周慶《しゅうけい》）、以上、十二の師法（括弧内は博士の名）である。この体制が、後漢時代の光武帝の十四博士まで基本的には維持されていくと沈氏は言う（『宗周礼楽文明考論』、四九八頁）。

その子の元帝（劉奭、在位、前四九～前三三）は、「儒を好む」様子が上記の逸話から明瞭に見て取れる。また、『漢書』本紀の賛に、「少《わか》くして儒を好み、即位に及びて、儒生を徴用し、之に委ぬるに政を以てし、貢・薛・韋・匡、迭《たが》いに宰相と為る」と言われている。

ここに名が挙げられ、当時の丞相であった、貢禹《こうう》・薛広徳《せつこうとく》・韋賢《いけん》・匡衡《きょうこう》は、みな学者としても一流の儒教の徒であった。

成帝（劉驁《りゅうごう》、在位、前三三～前七）は、「壮にして経書を好み、寛博にして謹慎なり」と称されており（『漢書』成帝紀）、確かに、その政策には、儒教重視の姿勢も見える。たとえばその詔勅で博士官に言及し、「儒林の官は、四海の淵源」（『漢書』本紀、陽朔二年（前二三）九月の詔）と言っているのがそれである。しかし何といっても、河平三年（前二六）に、劉向に校書の命を、陳農に訪書の命をそれぞれ下したことは、本書の主題に大きく関わることでもあり、ある意味、後の中国書物文化の展開に決定的な影響を与えたものとして銘記されるべきものであろう。

しかし、これがどのような時期であったかというと、『漢書』本紀の賛に「建始（前三二～前二八）以来、王氏始めて国命を執り、哀・平は短祚《たんそ》にして、（王）莽《もう》、遂に位を簒《さん》す。蓋し威福の由りて来たる所は漸なるかな」と言われるように、その母が王氏である成帝は母の一族を重んじ、即位した建始元年（前三二）に王崇を安成侯（安成に封ぜられた列侯《れっこう》、列侯は漢代の二十等爵の第二十、最高位）とし、また王譚《おうたん》以下に関内侯《かんだいこう》（二十等爵の第十九）の爵位を賜うなど、権力の中枢部に王氏一族を引き入れた。結局これは、王莽に漢王朝が簒奪される結果を招くこととなり、また不運にも天候不順のために旱魃や水害に多く見舞われ、その文教政策が漢の劣勢を挽回することはなかった。劉向らの校書は、このような時代環境において行われた。

先ほど引いた『漢書』成帝紀の賛に「哀・平は短祚にして、莽、遂に位を簒す」というように、前漢の末期、哀帝・平帝の時代は、短く弱々しいものであった。哀帝（劉欣《りゅうきん》、在位、前七～前一）は、成帝の子ではなく、元帝の子の定陶恭王《ていとうきょうおう》の子であったのを、成帝が養子にとって皇太子としたものである。二十歳で即位し、二十六歳で崩御した。「文辞法律を好む」とされる一方、儒教も学んだらしいが、学術に関して特に重要な政策をとったわけではない。何より、前代以来、権力は外戚たちに握られており、漢朝の劣勢を如何ともできずに世を去った。

平帝（劉衎《りゅうかん》、在位、前一～後五）もまた元帝の孫で、中山王の子であった。哀帝が崩御した後、急遽、王莽らに選ばれて皇帝となった。九歳で即位し、十四歳で崩御した。即位以来のこととして、本紀に「大司馬の莽、政を秉《と》り、百官、己を総《す》べ、以て莽に聴く」とある。これは、『論語』憲問に孔子の言葉として「君、薨《こう》ぜば、百官、己を総べ、以て冢宰《ちょうさい》に聴くこと三年」（君主が崩御すれば、百官はそれぞれみずからを律し、重要事は天子にではなく宰相の命を三年間聴く）というのを踏まえたもので、つまりは平帝がないがしろにされて、すべての官僚は王莽の命を聴くほかなかった、というわけである。儒教において重視される、明堂《めいどう》という儀礼施設や学制の整備なども、この時期に行われているが、すべて王莽の政策で、それを支えたのが他ならぬ劉歆の学識であった。その平帝が元始五年（後五）に崩御し、翌年、孺子《じゅし》（劉嬰《りゅうえい》）が皇太子となったが、結局、彼は皇帝となることなく、その二年後に漢は亡びた。

以上、前漢の学術の歴史をまとめたが、漢初においては皇帝たちは必ずしも儒教を重んじてはおらず、黄老思想などを好み、儒教を制度的に位置づけることもなかった。一方、武帝期以降は、官僚の登用においても儒教の教養が重視される趨勢が生まれたが、しかし一方で実務家官僚も同時に存在感を示し続けた。元帝期に、儒者が丞相となる例が続き、官僚体制における儒教の位置は相当に強くなったが、儒教は疲弊した前漢王朝を救うことはできず、むしろ、儒教を重視した王莽へと権力を引き渡す結果となってしまったのは、皮肉なことであった。

第五節　前漢における六芸の位置

ここでいう「六芸《りくげい》」とは、易《えき》・書・詩・礼・楽《がく》・春秋という、六つの教養のことである。この六芸は、前漢時代において如何なる地位を占めていたのであろうか。

司馬遷は、『史記』滑稽伝の冒頭にて次のように言った。

孔子はいった、「六芸は治という点において一なるものだ。礼によって人を整え、楽によって和らぎを生み、書によって事を語り、詩によって気持ちを伝え、易によって変化を神秘なるものとし、春秋によって正しくなる」、と。太史公《わたくし》はいおう、天道は恢恢としてとらえがたく、大いなるものである。言葉によって微妙に相手の心に触れる（滑稽という）のも、また（六芸同様、）もつれた関係をほどく（有用な）ものである。

孔子が説く「六芸」の効用を持ち出しながら、その一方で、人を笑わせる「滑稽」にも人間関係の調和においてそれなりの美点がある、という見方が面白い。しかし必ずしも儒家の価値観を持たないとされる司馬遷が、ここで「六芸」を持ち出しているのはなぜであろうか。

『史記』にはこれ以外にも、「六芸」の語がたびたび現れている。たとえば、伯夷列伝の冒頭には「夫れ学者は載籍きわめて博きも、猶お信を六芸に考う。『詩』『書』欠けたりと雖も、然れども虞夏の文は知るべき也」と見え、また孔子世家の「太史公曰」のところにも、「天子王侯より、中国の六芸を言う者は、夫子に折中す、至聖と謂うべきかな」と見えている。

「太史公曰」の部分や、各篇の冒頭部分には、司馬遷の意見が明瞭に反映されているはずである。だとすると、司馬遷は「六芸」を強く信頼していると言えよう。またそこには、孔子（夫子）に対する敬意も見て取ることができる。

これについて、中国近代の有力な学者、銭穆《せんぼく》（一八九〇～一九九〇）が次のような興味深い指摘をしている。すなわち、「六芸」、特に『詩』『書』は、儒家や墨家でそれを重んじてきた戦国初期以来の伝統があり、決して儒家の占有物ではなかった（春秋戦国時代においても、『詩』『書』は墨家などにも重んじられた）。孔子が重んじられたのも、儒教の開祖だから重んじられたというわけではなく、「六芸」を伝えた重要人物であったからこそなのだ。それゆえ、漢代——特にその前半期——においては、「六芸」は確かに重んじられたのであるが、それは諸子百家のうちのひとつとしての儒家を重んじたのとは異なる。それゆえにこそ『漢書』芸文志においても、六芸略と、諸子略の儒家とが区別されているのだ。この違いを明確に理解せねばならない、と（「両漢博士家法考」、二〇〇～二〇二頁）。

この銭穆の指摘は示唆に富む。司馬遷が、「六芸」、『詩』『書』、夫子（孔子）などに対して示す尊崇の態度は、おそらく、当時のそのような社会通念を背景とするものであろう。

なお上述のように、司馬遷の父の司馬談は、六家の諸子のうち、道家をよしとしたのであるが（六九頁を参照）、これも現に生きた思想集団として、道家と儒家やその他の諸派とを比較した場合、道家に特段の価値を認めたものなのではないか。

ただ、「六家の要指」には「夫れ儒者は六芸を以て法と為す」、とあった。それほどまでに儒家と「六芸」との結びつきは強く、他の思想集団と比べようもない。何といっても、儒家の人々は「六芸」のエキスパートなのである。しかし司馬談は上記の文に続けてこう言う、「六芸の経伝は千万を以て数え、世を累ぬるも其の学に通ずる能わず、当年其の礼を究むる能わず。故に曰く、博けれども要寡《すく》なく、労して功少なし」、と。「六芸の経伝は千万を以て数う」というが、儒教の経典がたくさんあるわけではないので、千万というのは、むしろ「伝」、注釈や解釈を指しており、その当時においても、それぞれの経典についての異説が非常に多く伝えられていた。それらの習得に時間も労力もかかりすぎ、とても実用にまでいたらない。儒者たちの実情を見て、そのように司馬談は考えたのであろう。

しかしながら、その司馬談といえども「六芸」まで否定したわけではない。『史記』からうかがうことのできる「六芸」、そして孔子への敬意は、当時の常識を反映するものであったと言えよう。

第六節　漢室と神仙思想

武帝の時代に、国家を主導する思想として、儒教が他の思想をしのいで特に重んじられるようになり、博士官やその弟子などの設置により国家制度的な裏づけを得るにいたったということと、まるで矛盾するようであるが、前漢時代を通じ、皇室の劉氏一族は、神仙思想に対してきわめて濃厚な興味を抱き続けた。そのことを、特に劉向との関わりにおいて活写した論文が、福永光司氏の「劉向と神仙――前漢末期における神仙道教的世界」である。福永氏のこの論文を手がかりとして、関連資料を拾っておこう。

武帝は、「今天子、初めて即位するや、尤も鬼神の祀を敬う」（『史記』封禅書。武帝本紀もほぼ同文）と言われるように、神仙を信じ、頻繁に祭祀を行った。武帝の神仙への傾倒に関しては、李少君という方術の士に惑わされる様子が、『史記』封禅書に具体的に見えている。

（李）少君、上に言いて曰く、「灶《そう》を祠れば則ち物を致し、物を致せば、丹沙は化して黄金と為すべく、黄金成りて以て飲食器と為せば則ち寿を益し、寿を益せば、海中の蓬萊の僊者《せんしゃ》、乃ち見るべく、之を見て以て封禅せば則ち不死たり。黄帝、是なり。臣、嘗て海上に游び、安期生を見る。安期生は巨棗を食らい、大いなること瓜の如し。安期生は僊者なり、蓬萊の中に通じ、合せば則ち人を見、合せざれば則ち隠る」、と。是に於て天子、始めて親しく灶を祠り、方士を遣わして海に入りて蓬萊の安期生の属を求めしめ、而して丹沙諸薬剤を化して黄金と為すを事とす。

仙人を求めさせることの前提として、黄金を作る錬金術が重視されていることが分かる。また宣帝も、「復た神僊方術の事を興す」と評され（『漢書』楚元王伝、劉向伝）、劉向が『淮南枕中鴻宝苑秘書』という錬金術の書物を献上する動機となったのであるが、これについては、次章にて述べることとする。

図5　前漢長安城から出土した青銅の羽人。皇帝たちの憧れた神仙の姿。

さらには宣帝の孫の成帝も、「末年、頗る鬼神を好み、亦た継嗣無きを以ての故に、上書して祭祀方術を言う者を多とし、皆な待詔たるを得《う》」といわれており（『漢書』郊祀志下）、神仙や鬼神に対する関心が濃厚である。前漢の皇帝たちのこうした行いにつき、福永氏が「帝王個人の不老不死の実現を主要な目的としたものであり」、「不老不死の実現が医術薬剤学的な営みと呪術宗教的な営みとを一体化して祈求されている」（同稿、一〇頁）と見るは穏当であろう。

こういった皇室の神仙方術への傾倒のうえに、劉向の『淮南枕中鴻宝苑秘書』献上があり、また「劉子駿は方士の虚言を信じ、神仙学ぶべしと為す」（『太平御覧』巻九五六に引く桓譚『新論』）などといわれた劉歆の方術への愛好があり、また劉向の孫の劉伯玉という人物も不老長生に関心を示した（『太平御覧』巻九九〇に引く桓譚『新論』）、と福永氏は言う。

同氏はまた、「漢の帝王劉氏一族には、黄老の術に心惹かれ、神仙の「道」の教えに熱中し、ないしは神秘で超越的な呪術宗教の世界に激しく憧憬する心情気質が遺伝的な血の流れとして深く潜在している」（同稿、七頁）とした。劉氏一族の遺伝とまでみなすのは極端であろうが、当時の権力者が呪術的な世界に強い憧れを抱いており、その憧れにこたえる多くの方士たちが彼らを取り巻いていたことは間違いない。

前漢時代の皇室にまつわるこの現象は、漢の政策として取られた儒教志向と、まったく矛盾するかのように見える。しかし、こうは考えられまいか。武帝が「黄老刑名百家の言を絀《しりぞ》け、文学儒者数百人を延《ひ》く」と『史記』儒林列伝にいうのは、諸子百家の説を持して政治に参入しようとする戦国時代的な諸子の伝統を継ぐ儒家以外の知識人が、政治に関与することを退けたものではあったが、皇帝個人の福を求める方術・神仙術に関してはその限りではなかった、と。政治と皇帝個人の幸福の希求と、そう截然と分けられるものではないが（特に祭祀において、両者は一体となる）、指導的な政治思想として儒教が確立された後も、方術は、皇帝やその周囲の人々の個人的欲求に寄り添うかたちで生きながらえ、さらに後世の神仙思想・道教へともつながっていった。劉向・劉歆らもこのような環境に生きたことを念頭に置くべきであろう。

第七節　前漢における図書蒐集の歴史

以上、前漢における学術の歴史を述べてきたが、その一方で、この時代の皇室がどのように書物を集めたのか、概観しておこう。なおこれは、前漢にあったすべての書籍の動向を対象とするものではなく、あくまで長安の皇室がどのようにみずからの蔵書を構築したかについての経緯である。

まず高祖劉邦の時代について。『漢書』芸文志の大序に、「漢、興《お》こりて、秦の敗を改め、大いに篇籍を収め、広く献書の路《みち》を開く」とあった。この記述が『史記』に見えぬのは残念だが、高祖の時代、皇室への「献書」の方途が開かれたものと、一応、考えておきたい。

なお、劉邦が咸陽《かんよう》を陥落させた際（前二〇七）、重臣の蕭何《しょうか》（?～前一九三）が、秦の丞相府・御史府などの官庁の図書を接収したとされ、『史記』蕭相国世家に、「何《か》は独り先ず入りて秦の丞相・御史の律令図書を収めて之を蔵す」と言われる。これが、漢室の蔵書の始めであるとする文献も少なくない。ただ、「秦の丞相・御史の律令図書」と言われていることから、行政文書の割合が多かったことは明らかで、「図書」の方も、もともと官府で使われていたものである。狩野直喜も「秦の律令に関する書類、戸籍・賦税に関する書類、地理に関する書類等にて、当然行政事務に必要なる書類たりし事を想像すべし」と言っている（『両漢学術考』、一三頁）。一方、『三輔黄図《さんぽこうと》』巻六には、石渠閣《せっきょかく》という禁中の図書館について、

「蕭何、造る。……蔵する所は関に入りて得る所の秦の図籍なり」というのだが、これを額面通りに信じてよいものかどうか。同書は、漢の長安のことを詳しく記したものであるが、成書過程が明らかでなく、必ずしもすべての記述が信用できるわけではない（『三輔黄図』と石渠閣については、一六五頁を参照）。蕭何が入手した「律令図書」が、そのまま「秘書」と呼ばれる皇帝個人の収蔵物になったとは、にわかには信じられない。

第二の大きな変化は、武帝の時代（前一四一～前八七）である。元朔五年（前一二四）、「書は欠け簡は脱す」と言われるように、宮中の書物が不全となっていた状況に危機を感じた武帝が、「蔵書の策を建て、写書の官を置き、下は諸子伝説に及ぶまで、皆な秘府に充つ」（『漢書』芸文志）という書籍蒐集の方針が取られた。これは大きな画期であったといえよう。

またこの時期に、兵書の整理が行われ、『兵録』という目録が作られたことも重要である。『漢書』芸文志、兵書略の序に、「武帝の時、軍政の楊僕《ようぼく》、遺逸《いいつ》を捃摭《くんせき》し（失われた書物を拾い集め）、紀して『兵録』を奏するも、猶お未だ備うる能わず。孝成に至りて、任宏《じんこう》に命じて兵書を論次して四種と為さしむ」という。すると、武帝が楊僕に命じて作らせた兵書の目録『兵録』は、任宏の「兵書略」のさきがけであるのはもちろん、劉向・劉歆等の目録のさきがけでもあると評価できる（兵書の整理については、一八三～一八六頁を参照）。

第三は、成帝の命じた蒐書である。河平三年（前二六）のこととして、『漢書』成帝紀に「光禄大夫の劉向、中秘書を校す。謁者の陳農使いし、遺書を天下に求めしむ」というもので、同じことが『漢書』

芸文志に「書頗る散亡し、謁者の陳農をして遺書を天下に求めしむ」と伝えられている。これは言うまでもなく、劉向の校書と同じスキームのもとに発せられた勅命である。

前漢時代の「秘書」、すなわち皇室蔵書は、以上のように集められた。高祖の時以来、「大いに篇籍を収め、広く献書の路を開く」という方針が定められたとはいえ、一貫して整理、管理され、充実の一途を辿ったというわけではなく、むしろ、あまり効率的に集まることも整理されることもなく、弊害が極点に達した時にあらためて蒐書の詔勅が下された、というようにも考えられる。

ひとつ言えるのは、成帝河平三年に下された詔勅は十分に効果的であったことで、それは、『七略』に登録された、六百三家、一万三千二百一十九巻（梁の阮孝緒《げんこうしょ》『七録《しちろく》』という書目に見える数字）という分量に及ぶ書籍を有するにいたったのだ。ただ集めただけではなく、劉向らによる綿密な校書作業が、蒐書と相俟って、その成果を生み出したのである。

以上、前漢時代における皇帝と学問、皇帝と書物との関係を述べた。前章とあわせて、劉向らの校書にいたる背景を説明したつもりである。次章ではもうひとつの背景、すなわち劉向の家族的な背景について明らかにしたい。

コラム

芸をめぐって

現在、日本で使用されている「芸」の字には、まったく異なる二つの由来がある。一つが「藝《げい》」、もう一つが「芸《うん》」（意味は香草の名、除草する、など）である。

現在の日本では、後者の字義を使うことがほとんどないために、両者を「芸」一字に合流させてもさほど混乱する心配ないとみなしてであろうか、このような処置が施されたものと想像される。なお、現在の中国では、前者を「艺」、後者を「芸」と、適切に分けている。

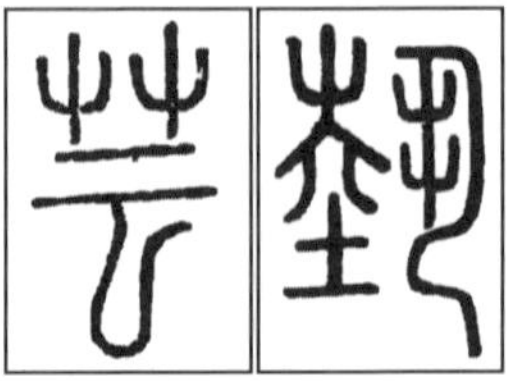

図6　『説文解字』に見える埶（右、藝の古体）と芸（左）

本書では現代日本の表記に従い、資料に「六藝」と書かれているものも「六芸」と表記したが、そうではなく、あえて「六藝」と表記するのも一つの見識である。

図7　殷代の青銅器に現れた「埶」

本書には登場させなかったが、十九世紀の中国には汪士鍾《おうししょう》という有名な蔵書家がおり、その蔵書室は「藝芸《げいうん》書舎」と名づけられた。これなどは芸芸《げいうん》書舎と表記すると見栄えが悪い。

「藝」の字は、最も古くは（かりにそれを楷書になおして表記すれば）「埶」と理解できる形で書かれている。時代が降ると、その「埶」に草冠を加えた「蓺」、さらにそれに云を加えた「藝」、あるいは草冠のない「⿱埶云」などの形で書かれるようになった。ただし、どのように書かれようとも、「埶」「蓺」「藝」「⿱埶云」、どれも音や意味に違いはない。形が異なるだけである。

殷代の青銅器に現れた「埶」字の形を見ると、植物の苗らしきものを両手で持ち、ひざまづく人の姿の象形である。

『説文解字』では、「埶は、種うる也。……『詩』に曰く「我、黍稷《しょしょく》を埶《う》う」、と。」といい、植物を植える意を示すと解説し、さらに『詩経』の用例を挙げている。なお、ここに引用されたのは『詩経』の小雅「楚茨《そし》」の詩で、現行本では「黍稷を蓺《う》う」と、草冠のある字に作っている。

話をもとに戻し、植物を植えることを意味する「藝」などの言葉が、なぜ「六芸」に含まれるのだろうか。あまり農業に関わりそうにはないが。

そもそも、「六芸」には二つの意味があった。第一に「礼（礼儀）、楽（音楽）、射（弓）、御（馬車の運転）、書（書字）、数（計算）」という、君子が身につけるべき教養という意味である。これは儒教経典のひとつ、『周礼《しゅらい》』（地官、保氏《ほし》など）に見える。身分ある人間として欠くことのできない六つの基礎的な教養という意味で、それがあたかも農民が作物を植えるように不可欠だということで使われるようになった語だという（段玉裁の説）。この六つのうち、礼・楽・射・御はすべて身体的な運動を伴う行為であり、書と数のみが机上の学習であることは興味深い。

「六芸」の第二の意味は、本書でこれまでも繰り返し説いた、六種の儒教経典、およびその体得である。これは、「六経《りくけい》」とも呼ばれるものとほぼ同義で用いられるが、六経の場合は、主に書物としての経典に着目した表現である。六経と、（この意味の）六芸がほぼ同義なのだから、こちらの六芸の方は書物の学習に偏っていることが知られよう。

ともあれ、『周易』をはじめとする儒教経典の習得が、前漢末の知識層にとっては不可欠の教養であったため、農業に欠かせない「芸（藝）」という語が使われたのだろう。劉向・劉歆らが六芸略の分類を設けた理由は、そこにあるはずだ。

なお、唐代の初期まで生きた学者、陸徳明《りくとくめい》の説によると、陸氏が活躍していた頃には、植物を植える場合には「蓺」字を用い、六芸の場合には「藝」字を用いて、それぞれ使い分ける書写習慣があったらしい。しかし、現代の我々はもちろんそんなことに執着する必要はない。

第四章　劉向の家系と学問

第一節　『史記』楚元王世家と『漢書』楚元王伝

劉向・劉歆を語る場合、その家族的な背景を踏まえる必要がある。劉向は、楚の元王《げんおう》（本名は劉交。？～前一七九）という人物を祖としており、劉向の伝記も『漢書』楚元王伝に載せられている。楚の元王は漢の高祖、劉邦の弟であり、ということは劉向ももちろん漢の皇族に属しており、そのことこそが彼の人生と学問に多大な影響を与えた。

劉邦の弟、劉交（楚元王）に始まる、劉向の一家の伝記は、『史記』（巻五十）楚元王世家と『漢書』（巻三十六）楚元王伝に見えているが、後者の方がはるかに詳しい。

両者を比較すると、『史記』楚元王世家に、同書が書かれた武帝期までの記述しかないのは当然であるが、書かれた内容も何か奇異に感じられるほど乏しい。一方の『漢書』楚元王伝の内容は、『史記』の記述とコントラストをなすほど充実しており、特に劉向の事蹟について詳密さを見せている。楚元王世家、楚元王伝などといっても、楚元王の劉交個人の伝記ではなく、劉交とその子孫たちの伝記となっており、それゆえ『漢書』楚元王伝には劉向の伝記も見えているのである。

『漢書』楚元王伝の内容が詳しい理由について、民国時代の学者で漢代研究の専家である楊樹達《ようじゅたつ》（一八八五～一九五六）は、劉富《りゅうふ》（劉向の曽祖父）・劉辟彊《りゅうへききょう》（劉向の祖父）・劉徳《りゅうとく》（劉向の父）の記述が詳しく、しかも彼らに対する批判的言説がないことを根拠として、「愚、疑うらくは、此の文は蓋し向・歆父子の文にして、或いは続補『史記』に出づるか、或いは本より是れ自序なるかは、則ち考うる無し」と言っ

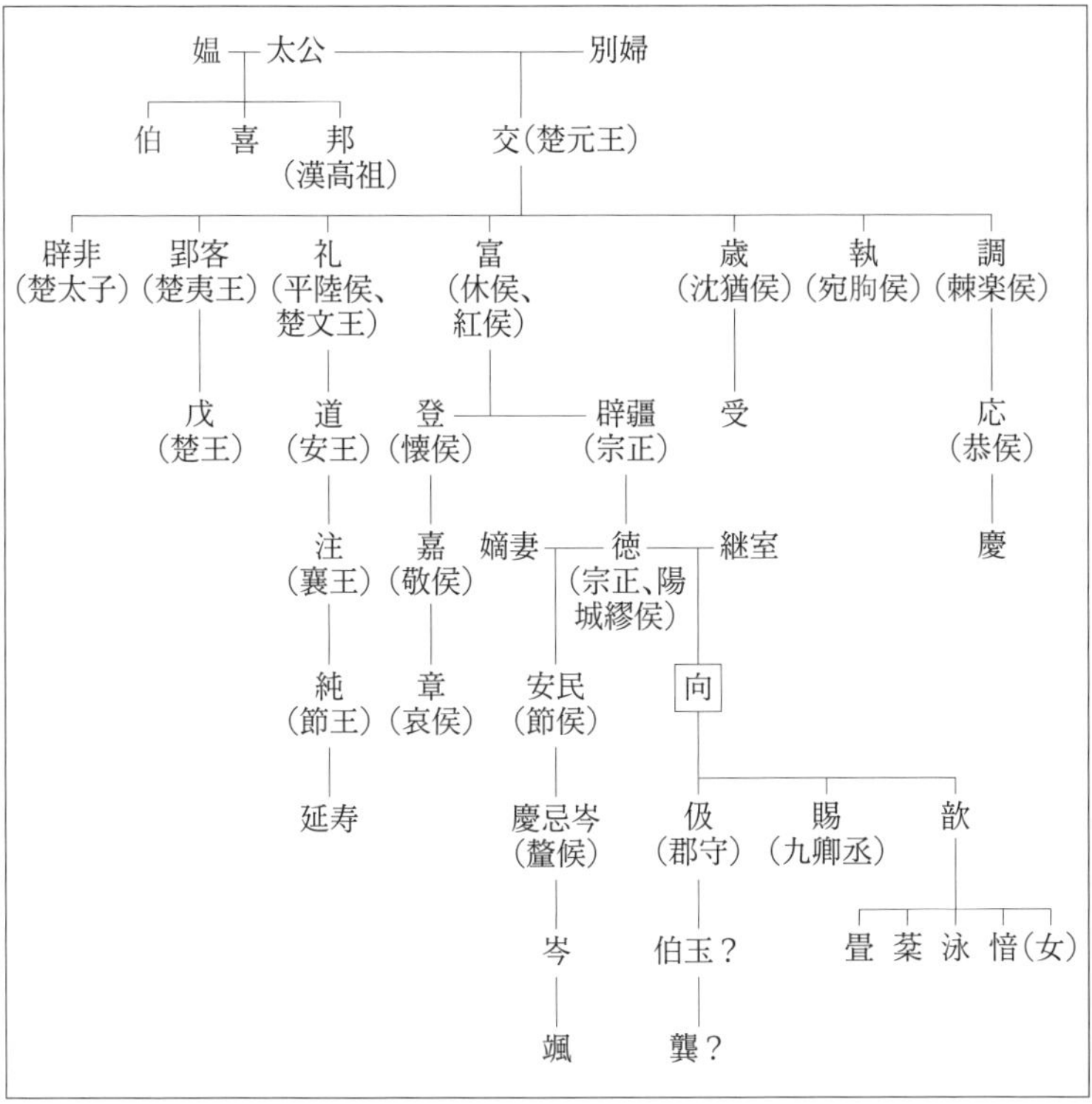

図8　劉向の一族の系図

た（「『漢書』所拠史料考」）。つまり楊樹達は、『漢書』楚元王伝は、班固が書いたものというよりも、劉向・劉歆父子が書いた文章——彼らが『史記』を続補したものだったのか、あるいは「自序」と呼ばれる自伝であったのかはさておき——を踏襲したのではないか、それをほぼそのまま班固が『漢書』の一部として組み込んだのではないか、と考えたわけである。『漢書』には、劉向・劉歆が書いた文章が多く含まれることを考えあわせれば（律暦志・

五行志・芸文志）、妥当な推測と思われる。

楊氏の説を踏まえ、劉向の伝記の著者である南京大学の徐興無《じょこうぶ》氏は、楚元王伝に二度にわたって、楚国の独自紀年が見えており（「（楚王戊《ぼ》）二十一年春――景帝の三年なり――」など）、他方、劉歆の「三統暦」を基礎として書かれた『漢書』律暦志下にも楚元王の紀年が見えていることを指摘し、両者がともに漢初の楚国の記録――それが楚国の史書なのか、家族に伝えられた記録なのか、あるいは校書時に発見した新史料なのかは分からないとしながらも――によるもの、と推測している（『劉向評伝』、二二頁）。つまり、楚元王の一族には、漢王朝の公式記録とは異なる史料が伝えられており、それをもとに劉向・劉歆が『漢書』楚元王伝のもとになる文章を書いた、と徐氏は推測したわけである。

以上のことが正しいとすれば、『漢書』楚元王伝は、劉向・劉歆がみずから書いた彼ら一家の歴史であることになる。本章では、おおむね同伝に基づき、そして年譜や評伝の類も参考にして劉向の家の伝記を追ってみたい。

第二節　劉向の祖先、楚の元王

『史記』によると、劉交は高祖劉邦（前二五六～前一九五）の「同母少弟」であるが、一方の『漢書』には「同父少弟」と書いてある。『漢書』の注釈者、顔師古は「同父としているのは、母が違うと言いたいのだ」という。『漢書』が正しいとすれば、劉交は劉邦の異母弟ということになる。テクストの伝写の過程で誤字が生じた可能性もあり、どちらが正しいのか決め手を欠くが、一応ここでは『漢書』の記載に従っておきたい。字《あざな》は游《ゆう》といった。

さて兄の劉邦が、重臣の蕭何《しょうか》・曹参《そうしん》らに推されて沛公《はいこう》となると（前二〇九）、劉交もそれに従った。その後、紀元前二〇二年、劉邦は皇帝として即位した。「諸侯王及び太尉長安侯の臣（盧《ろ》）綰《わん》等三百人、博士稷嗣君の叔孫通《しゅくそんとう》と与《とも》に謹んで良日二月甲午を択《えら》び、尊号を上《たてまつ》る。漢王、皇帝位に氾水《はんすい》の陽《きた》に于《おい》て即《つ》く」（『漢書』高帝紀下）とある通りである。翌年、漢の功臣であった韓信が疑いをかけられて楚王から淮陰侯へと落とされると、劉交がそれに代わって楚王となった。劉氏の一族は楚の出身であるから、これは名誉なことであったに違いない。

劉交は、好学の士でもあった。浮丘伯《ふきゅうはく》という学者は『詩経』の専門家で、荀子の門人であったというが（門人というのは一門の人物という意味なので、直弟子ではなかった可能性もある）、劉交は若いころ、魯の穆生《ぼくせい》・白生《はくせい》・申公《しんこう》（申培）らとともに、その浮丘伯から『詩経』を教わった。穆生らは当時、有名な儒者であり、いまや楚王となった劉交は彼等を楚国に招聘して、三人を中大夫という官職につけた。また子の劉郢《りゅうえいきゃく》客と申公を、長安にいた浮丘伯のもとに留学させて『詩経』を学ばせたりもした。このように、楚の元王、劉交は相当に熱心な学者であったのだ。徐興無氏は、「高祖の兄弟のうち、彼だけが唯一の士人、儒生であり、しかも先秦の大儒の門下から出た」と指摘している（『劉向評伝』、二四頁）。

なおその後、申公は『詩経』の注釈を作り（『漢書』芸文志に「『魯故』二十五巻」と載っているものがそれであるとされる）、『詩経』の有力な学説のひとつ「魯詩」を立てた。それゆえ、劉交の学んだ『詩経』

も魯詩か、それに近いものだったとみなされている。

劉交は、楚王の位について二十三年で亡くなったと、『漢書』本伝に伝える。この楚元王、劉交の子孫たちが、前漢の歴史を通じて大きな影響力を及ぼしたのである。

第三節　劉交の子孫たち

さて劉交の子の劉郢客は、高后二年（前一八六）、漢の宗室を管掌する宗正《そうせい》という官職についた。漢の官僚制度は、丞相をトップとして御史大夫《ぎょしたいふ》がそれを補佐し、その下に九卿《きゅうけい》を置いた。九卿とは、奉常《ほうじょう》・光禄勲《こうろくくん》・衛尉《えいい》・太僕《だいぼく》・廷尉《ていい》・大鴻臚《だいこうろ》・宗正・大司農《だいしのう》・少府《しょうふ》・執金吾《しつきんご》であり、宗正はその九卿の一つである（『漢書』百官公卿表《ひゃっかんこうけいひょう》）。宗正は、皇族である劉氏一族の問題を司る大臣であるから、唐の司馬貞が、「宗正は官名、必ず宗室の有徳者を以て之と為す」（『史記』三王世家の索隠《さくいん》）というように、皇族のうちでも重要な人物が任ぜられた。劉交が楚王であったころ、その子の劉郢客が宗正をつとめたというわけである。

さて、劉交が亡くなると、劉郢客は楚王を継承して夷王となった。四年後に亡くなり、その子の劉戊《りゅうぼ》が継いだ。この王は「稍《や》や淫暴」（『漢書』本伝）と称されるほど素行が悪く、元王の時以来仕えていた申公と白生が諫めるのも聞かず、ひいては景帝三年（前一五四）、呉楚七国《ごそしちこく》の乱と呼ばれる漢帝国を揺るがす深刻な叛乱を起こした。ただ、乱の主体はこの劉戊というよりも、むしろ呉王濞《び》という人物にあった。松島隆真氏の論文「呉楚七国の乱への道」によると、景帝が個人的に呉王に対して敵意を抱き、それを受けて御史大夫（副丞相）の鼂錯《ちょうそ》が呉国の削地を主張したのに対し、「あらかじめ妥協の余地を奪われていた呉王濞には、挙兵しか手段は遺されていなかった」（『漢帝国の成立』、四四四頁）という。かくして、呉王・楚王らは漢朝に対して叛旗を翻すにいたったものの、三ヶ月ほどであえなく破れてしまったのであった。

叛乱は鎮められて劉戊は廃位され、代わりに劉交の子、劉礼《りゅうれい》が楚王となった（楚の文王）。以後、楚王は劉礼の子孫が継承し、宣帝のころ（前七四～前四九）まで王家は続いた。

第四節　劉向の曽祖父・祖父・父

さて、劉向の曾祖父に当たる劉富《りゅうふ》は、楚王劉交の子であり、上述の劉郢客や劉礼の弟である。甥の劉戊が叛乱を起こしたため、劉富自身も連座させられてしまったが、しばしば劉戊を諫めていたことが後になって分かり、免罪され、あらためて紅侯に封ぜられた。この人には、劉登《りゅうとう》・劉辟彊《りゅうへききょう》という二人の子があり、前者は紅侯を継ぎ、後者が劉向の祖父に当たる。劉辟彊の子が劉徳《りゅうとく》で、これが劉向の父である。

劉辟彊は字を少卿《しょうけい》といい、『詩』を読むを好み、能く文を属《つづ》る」といわれた人物であり（『漢書』本伝）、文学にすぐれていたらしく、武帝のころに「宗室の子」として高官たちとの議論に加えられたというが、武帝の在位中（前一四一～前八七）は仕官しなかった。次の昭帝の始元二年（前八五）、重臣の霍光《かくこう》（？～前六八）の目にとまり、光禄大夫、守長楽衛尉《ちょうらくえいい》となった頃には、もう八十歳であったという。同年、宗正となったが、まもなく亡くなった。なお、本伝に「清静にして欲少なし」と評されていることからすると、『老子』の思想の実践者だった可能性はある。

その子が劉徳（字は路叔。河間献王の劉徳とは同姓同名の別人）であり、「黄老の術を修め、智略有り」といわれ、武帝に「千里の駒」と称賛されたと、『漢書』本伝は伝えている。父の後を継いで、元鳳元年（前八〇）、宗正となった。当時、権勢を誇った霍光がその娘を劉徳に娶らせようとしたところ、「常に『老子』の知足の計を持」したという劉徳は、地位が高くなりすぎることを畏れてそれを避けたのであるが、かえって霍光の怨みを買い、別件にことよせて庶人の身に落とされてしまった。しかしほどなく宗正に戻されて、宣帝の擁立（前七四）に功があった。そのため、子の劉安民《りゅうあんみん》は郎中右曹となり、「宗家の（劉）徳を以て宿衛に官を得る者、二十余人」と称されるほど、その一族への優遇があったという。五鳳二年（前五六）、劉向が二十四歳の時に、劉徳は亡くなった。「繆侯《ぼくこう》」という諡《おくりな》が与えられ、子（劉向の兄弟）の劉安民が家を継承した。

なお、劉向の祖父の劉辟彊が「清静にして欲少なし」と評され、父の劉徳も『老子』の教えを実践していたのは、家学ともいうべき教えがあったことが推測され、劉向自身にも「劉向『説老子』四篇」（『漢書』芸文志諸子略）の著があるのは、確かに「父祖の庭訓」（福永光司「劉向と神仙」、八頁）によるものと言えよう。

第五節　劉向の生涯

（一）若年時代

劉向、字《あざな》は子政、もとの名を劉更生といった。後に建始元年（前三二）、四十八歳の時に改名し、向と名乗ったものであるが、本書では便宜的に若年時代についても劉向と呼ぶこととする。

劉向の一生については、もちろん『漢書』楚元王伝が基本的な資料であるが、よくできた年譜として、銭穆《せんぼく》「劉向歆父子年譜」があるので、それに従って概略を述べておきたい。なお、劉向の生年については清朝以来、複数の説が唱えられており、なかなか一致を見なかったが、近年、徐興無氏が『劉向評伝』を著し、その付録の中で詳しい考証を書いており、元鳳二年（前七九）生まれ説を正解としているので、本書はそれに従うこととする（銭穆も同じ説である）。

宣帝の地節二年（前六八）、十二歳の劉向は輦郎《れんろう》（秩禄は比三百石）という天子の乗降車の際の警護を役目とする職に就いた。これほど年少であるからには、もちろん実力によってというのではなく、蔭任《いんにん》（親族が高官である場合の任官優遇措置）と呼ばれる優遇によって任官されたものである。郎は光禄勲に属しており（光禄勲については、一一六頁を参照）、前漢時代においては天子の左右に仕えて世話をしたり警護したりした。かくして劉向は年少の頃から天子に仕える機会を有しており、彼の一生を通して見ても、この皇帝たちとの近さが目立っているが、その基礎は輦郎として任官した時点ですでに定まったのであった。なお秦漢時代における郎の意義については、台湾の高名な歴史家、厳耕望《げんこうぼう》氏に「秦漢郎吏制度考」という論文があり、詳述されている。

その後、劉向は諫大夫《かんたいふ》となり、また宣帝が「名儒俊材」を抜擢して側近に用いた時には、「通達にして能く文辞を属《つづ》る」と評価され、「賦頌《ふしょう》」数十篇を奉ったと本伝にいうので、若いころから文才に溢れていたのであろう。そのことは、『漢書』王褒《おうほう》伝にも「宣帝の時、武帝の故事を修め、六芸群書を講論し、博く奇異の好を尽くし、……益ます高材の劉向・張子僑《ちょうしきょう》・華龍《かりゅう》・柳褒《りゅうほう》等を召して金馬門《きんばもん》に待詔せしむ」とも見えている。金馬門は禁中への入り口であり、ここに宿営して皇帝の諮問に応ずる役目をつとめたのである。劉向個人の履歴の中ではかなり順調な時期であった。

ところが五鳳二年（前五六）、二十四歳の劉向は大きな問題を起こした。当時、宣帝は神仙や方術に関心を持っていたのだが、劉向はこの皇帝を喜ばせようと、自分の家にあった奇書『淮南枕中鴻宝苑秘書《わいなんちんちゅうこうほうえんひしょ》』を献上したのである。この奇書は、『淮南子』を作らせたかの淮南王《わいなんおう》の劉安《りゅうあん》（前一七九～前一二二）が秘蔵していたのを、劉徳が入手してその家に持っていたとされ、内容は方術・錬金術に関するものであった。

錬金術にも関心のあった宣帝は、劉向から『淮南枕中鴻宝苑秘書』を献上されて実はかなり喜んだようで、さっそく禁中の少府において黄金作りが試みられたが、失敗に終わる。「偽の黄金を鋳《ちゅう》」したという罪で、劉向はその責任を問われた。錬金術と皇室劉氏との密接な関係については前章でも触れたが（九四～九六頁を参照）、劉向の一件に関しては福永光司氏に詳しい論文「劉向と神仙」があるので、関心のある読者はそちらをご覧いただきたい。

さて劉向は五鳳二年に捕らえられ、あわや死罪となるところであったが、何とか年を越すことができた。当時、死刑が執行されるのは秋か冬であったので、春を迎えて劉向は釈放されたのである。その後、本伝に「会《たま》たま初めて『穀梁《こくりょう》春秋』を立て、更生（つまり劉向）を徴して『穀梁』を受けしめ、五経を石渠に講論す」とあり、石渠閣会議（前五一）に先立って、宣帝の命を受けて劉向が『春秋穀梁伝』を学んだことが分かるのだが、銭穆はそれをこの五鳳三年（前五五）のこととしている。とすると、処刑されかけた翌年、すぐにまた復帰したことになる。

なお、劉向が命を受けて『春秋穀梁伝』を学んだというこの列伝の記述を根拠として、劉向の春秋学は穀梁の学と短絡する学者があるが、余嘉錫（『四庫提要弁証』、「新序提要弁証」、五五七頁）や池田秀三氏（「劉向の学問と思想」一二四〜一三五頁）等にそれぞれ説があり、ともに劉向が『穀梁伝』ばかりでなく、『公羊伝』や『左伝』も併せて学び、体得していたことを論証している。

そして甘露三年（前五一）、未央宮《びおうきゅう》の中のさらに禁中と呼ばれる区画に存在した皇室の図書館、石渠閣において、経学史上に有名な石渠閣会議が開かれた。これには、同志であった周堪《しゅうかん》らとともに劉向も参加した。そもそも、中国思想史上に名を遺すこの石渠閣会議はなぜ開かれることになったのか。この間の事情を説明して、保科季子氏は、「宣帝は丙吉《へいきつ》（引用者注：当時の丞相）ら文吏《ぶんり》を優遇して蕭望之《しょうぼうし》ら儒生《じゅせい》を政権中枢より退ける一方、儒生を皇太子や皇子の輔導官といった、儒生により相応しい役職に補任したのである。石渠閣講論のような大規模な儒教イベントの開催は、皇帝権威のお墨付きの上で経説を統一するのみならず、要職を外された儒生に活躍の場を与え、彼らを儒生としての本分に立ち戻らせるものであった」と分析している（「漢代における経学議論と国家儀礼」、六五二頁）。蕭望之や周堪と行動をともにした劉向は、ここでいわれる「文吏／儒生」の分け方で言えば、もちろん儒生の側の人間であった。

　劉向が黄金偽造の罪を許されて復帰できたことの背景に、蕭望之からの推輓があったに違いないのだが、その蕭望之はというと、もともと神爵三年（前五九）に丞相の丙吉を支える副丞相たる御史大夫となったが、その後、五鳳二年（前五六）には左遷されて、皇太子（のちの元帝）を補佐し導く太子太傅《たいふ》となっていた。前漢官僚制のトップに位置する丞相への道を絶たれた蕭望之は失望したはずだが、それでも皇太子の師である太子太傅も十分に誇り高い職務である。宣帝の配慮のもと、蕭望之のために石渠閣会議の計画が用意され、彼自身も積極的にその準備にたずさわり、その過程で穀梁学を学ぶという名目のもとに劉向の復帰が許され、紀元前五一年のこの会議に加えられたという推測は、十分に成り立ち得るものと思われる。

　石渠閣会議が開かれたこの年、劉向は郎中《ろうちゅう》（郎中は、宮殿の掖門を守る光禄勲に属する官職で、秩禄は比三百石）、給事黄門となり、さらに散騎諫大夫給事中《さんきかんたいふきゅうじちゅう》（諫大夫も光禄勲に属し、秩禄は比八百石）となった。

　なお、劉向に与えられた給事中とは、加官《かかん》と呼ばれる肩書きであり、これらが本来の官（本官）に加えられることによって、禁中に出入りする許可証を得る。禁中には、ごく限られた官僚しか立ち入ることができないので、これは大きなメリットであった。先取りして言えば、劉向らの校書とは、禁中の図書館が蔵していた本を整理する事業であったので、禁中に出入りできる加官（侍中・中常侍・給事中など）は、その前提としても重要であった（戸川芳郎「門下の侍中と郎中」（上）（下）に詳しい考証がある）。ちなみに散騎も加官で、皇帝に近侍する者に与えられる。

（二）中年時代

元帝の初元元年（前四八）、三十二歳の劉向は、散騎宗正給事中となる。宗正といえば、劉向の先祖である楚元王劉交の子の劉郢客や、祖父の劉辟彊、父の劉徳も任官した重要なポストであり、劉氏の一族の中でも特に声望のある人物が任ぜられた官職である。これは劉向にとっても名誉なことであったに違いない。

当時、前将軍の蕭望之（?～前四六）、光禄大夫の周堪の二人は元帝に信任されていた。福井重雅氏は、「蕭望之・周堪・劉向の三人は、宣帝から元帝にいたる交替期の漢朝において、文字どおり「朋党」を組んで外戚・宦官の勢力と対立し、「専ら権執を擅《ほしい》ままにせんと欲す」と評されるほど、一時、当時の政局を支配する有力な政治家たちであった」と評価しているが（「石渠閣論議考」、六五〇頁）、おそらくこの時期のことを指しているのであろう。その一方で、宦官の弘恭《こうきょう》・石顕《せきけん》ら、そして外戚らの勢力も強かったが、劉向は蕭望之らに認められて宗正となったので、彼らの同志として宦官・外戚らに対抗した。しかしこの政争は蕭望之らの敗北に終わり、蕭望之は自殺に追い込まれ、劉向も投獄され、庶人に落とされてしまった。劉向が宗正となった、わずか二年後のことであった。

その後しばらく劉向は用いられることがなかったが、時代が変わり、成帝が即位した建始元年（前三十二)、四十八歳の劉向はあらためて中郎《ちゅうろう》(光禄勲に属し、秩禄は比六百石)となり、三輔都水《さんぽとすい》をつかさどり、さらに光禄大夫(秩禄は比二千石)に出世する。もとの名前である更生から向へと改名したのも、この時にあらためて任用されたためである。少し補足すると、秩禄は官のサラリーを表示したものであり、そこに「比」と付くのは、もともとその官が「宦皇帝者《かんこうていしゃ》」と呼ばれる皇帝の近侍に由来することを示すものとされる(閻歩克《えんほこく》『二年律令』中的宦皇帝者」、『従爵本意到官本位』、四〇七頁)。こうしてみると、秩禄は単に給与の多寡をいうだけでなく、輩郎の比三百石にはじまり光禄大夫の比二千石にいたった劉向が、皇帝の私的な生活に近い存在であったことをも示しているのである。

かくして劉向は光禄大夫(光禄勲に属する)となったわけであるが、光禄勲は九卿の一で、皇帝に近侍する。大庭脩氏は、「郎中令(光禄勲)は皇帝の身辺の警護と皇室の公生活上の事務を取り扱う郎官を統率しており、皇帝に最も身近な所の警備に当たる」と言っている(『秦漢法制史の研究』、三一頁)。劉向も、より近く皇帝に侍することとなったのである。

そして、河平三年(前二六)、成帝は陳農《ちんのう》に訪書を、劉向に校書を命ずる。この校書の事業こそ本書の主題であるが、劉向はその後の一生をこれに費やしたものの、それでも完成させることはできず、子の劉歆に受け継がれたのであるが、校書についてはここでこれ以上述べない。

またこの校書をひとつの契機として、劉向『洪範五行伝《こうはんごぎょうでん》』をまとめ、成帝に献上している。劉向は当時多発していた天災などの異常の原因は、王鳳ら外戚の専横にあるとみなし、この書を作って奉ったもので、『漢書』本伝はその経緯を次のように述べる。

向《きょう》は『尚書』洪範の、箕子《きし》、武王の為に五行陰陽休咎《きゅうきゅう》の応《おう》を陳《の》ぶるを見る。向《きょう》、乃《すなわ》ち上古以来、春秋六国を歴《へ》て秦漢にいたる符瑞災異の記を集合し、行事を推跡し、連ねて禍福を伝え、其の占験を著し、類を比《なべ》べ相い従え、各《おの》おの条目有り、凡そ十一篇、号して『洪範五行伝論』と曰い、之を奏す。天子、心に向《きょう》の忠精にして、故に（王）鳳兄弟の為に此の論を起つるを知るも、然れども終《つい》に王氏の権を奪う能わず。

同書はのちに『漢書』五行志のもとになったものであり、校書の副産物であったと評価することもできよう。付言しておきたいのは、このように災異を根拠として皇帝に政策を上奏するのは、前漢時代の儒者の通例であり、劉向だけの着想ではない。班固が「漢興《お》こり、陰陽を推して災異を言う者、孝武の時に董仲舒・夏侯始昌、昭・宣には則ち眭孟・夏侯勝、元・成には則ち京房・翼奉・劉向・谷永、哀・平には則ち李尋・田終術有り」（『漢書』眭両夏侯京翼李伝の賛）というように、そのような学者——特に春秋学者——は、董仲舒《とうちゅうじょ》以来、前漢を通じて代々あって、劉向もその一人であった。池田秀三氏は、劉向の『洪範五行伝論』を「前漢災異説の集大成といえるもので、災異思想研究にはきわめて重要な文献」と評した（『説苑——知恵の花園』、二三頁）。

この『洪範五行伝論』は、災異の例を挙げて天子を諫め、外戚の排除を促して漢家の存続をはかろうとするものであった。劉向はこの書を成帝に献上した以外にも、たびたび上奏文をしたためたのはもちろん、校書の過程においても、古書から天子を諫めるに足る題材を取りつつ、『列女伝《れつじょでん》』『新序《しんじょ》』『説苑《ぜいえん》』

の諸書を独自に編輯し、献上した。これら三書の成立年代について確定できる史料はないが、本伝の記述内容から、銭穆は永始元年（前一六）頃か、としている。とすると、劉向が校書を始めて十年後の成果、ということになる。

以上のように見れば、劉向の校書というものは、『洪範五行伝論』『列女伝』『新書』『説苑』といった著書・編纂物の完成を含め、少なくとも劉向の動機の点から言えば、成帝を諫めて漢の延命をはかろうという、一宗室の個人的な政治思想の具現であったと見ることができよう。下見隆雄氏が、『列女伝』『新書』『説苑』の三書につき「いずれも直接的ではなく、既に世に伝わっている素材を用いて劉向の思想が語られているという共通点を持っている」（『劉向『列女伝』の研究』、一五頁）というように、これらの書はすべて古事に託した意見の書なのであった。のみならず、それ以外のすべての古書の整理においても同じ思想が込められていた蓋然性が高く、その点において無味乾燥でもなければ無色透明なものでもなかったと言える。

なおこの間、陽朔二年（前二三）頃、劉向は中塁校尉《ちゅうるいこうい》（武帝が設けた武官「八校尉」の一で、執金吾《しつきんご》に属し、秩禄は比二千石）となっている。

（三）晩年

校書を開始して以来、劉向は一貫して上書をたてまつって成帝の政治改革を促し続けた。その眼目は主として外戚の排除である。しかしながら、成帝は劉向の誠意にうたれながらも、結局それに従うことはなかった。

楚元王伝の劉向伝には彼が書いた上奏文が何通も長々と引用されており、劉向がしばしば皇帝に上書し、政治方針の変更を訴えたことがよく分かる。なぜ劉向はそれほどまでに熱く外戚の排除を訴えたのか。これについては、前漢の皇家たる劉氏特有の事情があったとして、保科季子氏は次のようにいう、「同姓諸侯王は皇帝を長とした一つの家族として、皇帝と天下を共有する、という意識を持っていたのである。この意味で宗室である劉氏は特別な一族であった。劉向が外戚を非難し続けたのは、宗室の一員であることに強い誇りを持ち続けていたからに他ならない」（「前漢後半期における儒家礼制の受容」、二四九頁）、と。これはきわめて興味深い、傾聴すべき見解であろう。

綏和《すいわ》元年（前八）、劉向は七十二歳で亡くなった。その翌年の綏和二年三月、成帝が崩御する。宣帝・元帝・成帝の三代に仕え、決して平坦であったとは言えない劉向の人生は、このように終わった。

しかし校書はまだ終わっておらず、その事業は次代に引き継がれることとなった。しかし何よりも劉向が心を痛め続けた漢の衰亡は、すでに避けられない趨勢であった。『漢書』本伝に、劉向の「卒後十三歳にして王氏、漢に代わる」と特記したのは、漢に対する彼の思いの強さを、劉歆かあるいは班固が代弁したものであろうか。

池田秀三氏は、劉向の死に触れて、「漢王朝の永続を願い、王氏打倒を夢みた劉向であったが、その夢を果たさぬまま、ついに綏和元年、七十二年の生涯を閉じる。そして劉向の危惧どおり、平帝の死後、王莽は摂皇帝（仮皇帝）となり、漢の天下を奪ったのであった。……子の劉歆がその簒奪の協力者となることを知らなかったのは、せめての幸いであったかも知れない」（『説苑——知恵の花園』、二九～三〇頁）、と言っている。

第六節　毀誉褒貶を生んだ劉歆の生き方

劉向には三人の子（男子）がおり、長男は劉伋《りゅうきゅう》、次男は劉賜《りゅうし》、三男が劉歆（字《あざな》は子駿）であった。みな生年が分かっておらず、劉歆もいつ生まれたのか未詳である。彼の年譜を書いた銭穆は、この時代を代表する大文人の楊雄《ようゆう》（前五三～後一八）と劉歆はほぼ同年代で、楊雄の方がやや年長か、と推測しており、そうだとすると、ほぼ紀元前五〇年頃の生まれと推測される。本伝に、「少《わか》くして『詩』『書』に通じ、能く文を属《つづ》るを以て成帝に召見せられ、宦者署《かんじゃしょ》に待詔し、黄門郎《こうもんろう》と為る」とある。黄門郎は、禁中にあって皇帝の身の回りをする少府に属する。

劉歆はその成帝の時代、すでに父とともに校書に携わっている。本伝に、「河平中、詔を受けて父の向と与に秘書を校するを領し、六芸伝記を講じ、諸子・詩賦・数術・方技も、究めざる所無し」という。なお、いうところの「伝記」（「伝説」ともいう）とは、「経書たるべき典籍の確立を促し、それを補充しつつその経典の展開に伴って集積された、「経」より格のひくい教義解釈群のことである」（戸川芳郎「芸文志——偶談の余（三）」、二三頁。なお内山直樹「伝記と口説」はさらに議論を発展させ、前漢末においては、確かな文献としての「伝記」と、あやふやな「口説」が対立的に用いられたことを論じている）。

劉歆はまた、父とともに『列女伝』も校している。『七略別録』の佚文（『初学記』巻二十五、『太平御覧』巻七〇一に引く）に、次のようにある。

臣向《きょう》、黄門侍郎の歆と与《とも》に校する所の『列女伝』、種類相い従えて七篇と為し、以て禍福栄辱の效、是非得失の分を著し、之を屏風四堵に画《えが》く。

とすると、『列女伝』の整理に劉歆が関わっており、その頃、彼の肩書きは黄門侍郎であったことが分かる。成帝時代の劉歆の活動は必ずしも明らかでないので、貴重な史料である。なお、本伝に「莽、少《わか》くして歆と倶に黄門郎と為り」云々とあり、王莽が黄門郎となったのは陽朔三年（前二二）であったが、それよりも前に劉歆は黄門郎となったものであろう。

綏和二年（前七）三月に成帝が崩じ、翌月、哀帝が即位すると、劉歆は、侍中太中大夫《たいちゅうたいふ》（太中大夫は光禄勲に属し、秩禄は比千石）となり、さらに騎都尉奉車《きといほうしゃ》光禄大夫に遷る。そして、父の業を継いで校書することを命じられる。

そこで劉歆は「古文」と呼ばれる経書のテクストに出会った。当世に流行する「今文」とは違う、古い文字で記された経書である。本伝に次のようにいう。

歆、秘書を校するに及び、古文の『春秋左氏伝』を見て、歆、大いに之を好む。時に丞相の史の尹咸《いんかん》、能く左氏を治むるを以て、歆と共に経伝を校す。歆、略ぼ咸及び丞相の翟方進《てきほうしん》に従いて受け、大義を質問す。初め『左氏伝』には古字古言多く、学者、訓故を伝うるのみ。歆、左氏を治むるに及び、伝文を引きて以て経を解し、転《うた》た相い発明し、是に由りて章句と義理と、焉《ここ》に備わる。

この古文をめぐって、建平元年（前六）、劉歆は学術史上有名なある文書を書いた。「太常博士を責むるの書」である。『漢書』本伝には、その執筆動機を次のように言う。

歆、親近せらるるに及び、『左氏春秋』及び『毛詩』『逸礼』『古文尚書』を建立し、皆な学官に列《つら》ねんと欲す。哀帝、歆をして五経博士と与《とも》に其の義を講論せしむるも、諸博士、或いは置対するを肯ぜず。

『春秋左氏伝』『毛詩』『逸礼』『古文尚書』を新たに学官に立てたいと考えた劉歆は、まずは哀帝の同意を得たものの、守旧派の五経博士（太常博士）たちはそれと向き合おうとしない。そこでこの文書を劉歆が執筆し、博士らに送付したというわけであり、本伝ではその後に、その全文を引用しているが（『文選《もんぜん》』巻四十三にも「移書譲太常博士」として収める名文である）、ここでは省略する。劉歆の熱意はすぐには通じず、これらの古文経典が学官に立てられるのは、王莽の新になってからのことである。それどころか、博士らの反撃にあって退けられ、しばらく河内太守となって長安を離れざるを得なかった。なおこの年、劉歆は名を秀と改めている。

元寿二年（前一）、劉歆は王莽の力によって都に戻され、右曹《うそう》太中大夫となり、父もその晩年に務めた中塁校尉に遷り、翌年、「羲和《ぎか》の官」に任ぜられた。この頃、『七略』が完成したものと見られる（一二九頁を参照）。

紀元後九年、劉歆の支持をも得て、王莽はついに皇帝となり、始建国元年の年号を立て、劉歆は「国師」と呼ばれた。しかしながら、翌二年（一〇）、劉歆の子の劉棻《りゅうふん》・劉泳《りゅうえい》は、甄尋《しんじん》とともに王莽を怒らせる事件を起こし、誅殺されてしまう。その後、新が国力を失い、各地で叛乱が多発するようになると、劉歆自身も首謀者の一人として叛乱を起こしたのであるが、事前に事が露見してしまい、自殺した。

父の劉向が漢の宗室の一員として、その復興に渾身の力を傾けたのに対し、子の劉歆は父の憎んだ外戚、王氏一族に協力し、王莽に漢を譲り渡してしまった。歴代、王莽に対する知識人の批判は厳しいものであったが、それにともない、劉歆の人格に対する評価も非常に低いものにとどめおかれた。

しかしながら少なくとも学術の面について言えば、中国の歴史を通じ、劉歆ほど後世への影響が大きかった学者は多くはない。その功績の第一は、経学について、古文経典の意義を世に知らしめたこと、第二は、律暦の方面で「三統暦《さんとうれき》」という暦を作り出したことである。

川原秀城氏は、「劉歆が後世に及ぼした思想的社会的な影響は、（a）律暦や度量衡の制度と（b）目録学ないし学術分類の範疇において、とりわけ巨大である」（『中国の科学思想』第四章「劉歆の三統哲学」、一四九頁）というが、この見解は至当であろう。「三統暦」が後世、中国の科学にどれほど大きな影響を与えたのかについても、川原氏の同書に詳述されているので、あわせてご覧いただきたい。

その劉歆「三統暦」は、『漢書』律暦志上に取り入れられており、これは単なる暦ではなく、「『易』と『春秋』とは、天人の道なり」という二つの経書をベースとして、さらに『尚書』洪範を交えたものとされるが、この文章の読解については、戸川芳郎氏の論考「後漢を迎える時期の元気」と南部英彦氏の論考「劉歆の三統説・六芸観とその班固『漢書』への影響」が参考となる。

以上のように、劉向・劉歆彼ら自身と、その家系について紹介したうえで、ようやく彼らの校書の成果である『別録』『七略』の話にうつることとしよう。

コラム

劉安と劉向

知識人たちを多く集めて『淮南子』という書物を編纂させた淮南王劉安《りゅうあん》と、本書の主人公である劉向。二人はどちらも漢の宗室に属する遠い親戚であるが、関わりはそれだけにとどまらない。

五鳳二年（前五六）、二十四歳の劉向は、劉安が編ませたという錬金術の書、『淮南枕中鴻宝苑秘書』を献じた。しかし結局、黄金が成ることはなく、そのせいで劉向はあやうく死罪となりかけた。

この書の入手経緯については、劉向伝に、「父の徳、武帝の時、淮南の獄を治し、其の書を得。更生、幼くして読誦し、以て奇と為し、之を献じ、黄金成すべしと言う」、とある。つまり、劉向の父の劉徳が、劉安を取り調べた際にこの書を入手したものという。

劉安はその最期、謀反の疑いをかけられ、元狩元年（前一二二）、厳しい取り調べを受けようとしていた。時の皇帝、武帝は、「宗正をして符節を以て王を治せしむ。未だ至らずして淮南王安は自ら剄殺《けいさつ》」したという（『史記』淮南衡山列伝）。

この時の取り調べを命ぜられた使者が劉徳であったのだろうか。しかし、するとどうもおかしい。劉徳は紀元前八五年頃に三十余歳であったと本伝に記されており、紀元前一二〇年頃の出生と考えられるから、元狩元年に彼が劉安を取り調べられたはずがない。これはすでに宋代の劉奉世《りゅうほうせい》が指摘したことで、明らかに本伝の記事は誤っている。劉向の一家が秘書を入手した経緯は、未詳とせねばならない。

ところで後世、何者かが劉向の名を騙って「関尹子叙録《かんいんしじょろく》」なる一文を書いて、「淮南王の安は道を好み、書を聚め、此（『関尹子』）を有して出《い》ださず。臣向《きょう》の父の徳、淮南王の事を治するに因り之を得たり」と言っている。劉徳が劉安を取り調べたというのは、先述の通り信じられないが、それは措くとしても、劉安の奇書のせいで死刑になりかけた劉向が、わざわざ得意げに父が劉安を取り調べて書物を得たことなど書くだろうか、この書きぶりこそ、「関尹子叙録」が偽物であることの動かぬ証拠だ、というのが、銭穆の説である。

第五章　『別録』と『七略』

第一節　『別録』と『七略』

『別録』と『七略』は、劉向らの校書の最大の成果である。しかし残念なことに、唐代末期ごろに失われており、我々は直接にこの二つの書物を読むことができない。この章では、劉向等の校書の成果として著された書物として後世に伝えられ、そして失われた、『別録』と『七略』について述べることにしたい。

まず『別録』について見ると、すでに引いた『漢書』芸文志には次のようにいう（四六～四七頁を参照）。

> 光禄大夫の劉向に詔がくだされ、経伝・諸子・詩賦の書物を校讐させ、歩兵校尉の任宏に兵書を校讐させ、太史令の尹咸に数術を校讐させ、侍医の李柱国に方技を校讐させた。一つの書物を校讐し終えるたびに、劉向は、その書物の篇目を序列し、書物の趣旨を要約し、文章にまとめて皇帝に上奏いたした。

ある「書物の篇目を序列し、書物の趣旨を要約し、文章にまとめて皇帝に上奏」したものは、「序録」（もしくは「叙録」）と呼ばれた。

つまり、「序録」は、皇帝に献上されたそれぞれの書物（おそらくはその書物の冒頭）に付けられたものであった。それら「序録」のみを取り出して編輯し直し、別の書物にまとめた著作が作られた。それが

『別録』と名づけられたのである。通常、劉向の著作とされ、「劉向『別録』」と呼び習わされる。

　次に『七略』の方はどうか。これも上述の『漢書』芸文志に次のようにある。

> ちょうど劉向が亡くなってしまったので、成帝の後を継いだ哀帝は、劉向の子、侍中奉車都尉の劉歆に命じて、劉向が未完のまま遺した仕事を完成させることにした。劉歆はそこで多くの書物を総括して、その著書『七略』をまとめて奏上した。

最後の一文は、原文を訓読すれば「歆、是に於て群書を総べて其の『七略』を奏す」となる。この目録がいつ完成したのかについては、明確な史料がないものの、『文選《もんぜん》』の李善《りぜん》注（巻四十八、班固「典引《てんいん》」の注）に「『七略』の作は、哀・平の際に在り」云々とあるので、平帝の即位した紀元後一年頃に成書したものと考えておいて大過なかろう。

　以上のように、劉向『別録』、劉歆『七略』と併称される二つの書目が、前漢時代の末に登場したのである。

　なお分類についてみると、『七略』の採用した六分類は劉向の頃にすでにできており、劉歆がこれを継承したものと考えられるが（これについては、本書の第七章にて説明する）、分類および書物の排列については、劉歆のオリジナリティを認めるべきところも存在する。たとえば、金谷治氏が指摘したように、六芸略の諸家において古文テクストがそれぞれの先頭に配置されているが、これなどは劉向の操作であるとは考えられず、古文テクストを重んじた劉歆の意図を汲むべきところであろう（金谷治『漢書』芸文志の意味」、八六頁）。分類について、どこまでを劉向が行い、劉歆が何を変更したのか、明らかにし難いところも多いが、おおむね劉向によって分けられたものと考えておきたい。

第二節 『七略別録』とは何だろう

さて、唐代の初期に完成した『隋書《ずいしょ》』経籍志《けいせきし》にも、『漢書』芸文志と同じように、大序、部ごとの序、類ごとの序がついていて、学術史上の重要な資料となっている。その隋志の史部目録類の序には、「漢時、劉向『別録』、劉歆『七略』は、条流を剖析し、各《おの》おの其の部有り、事迹を推尋す」という。両書が区別されたうえで併称されており、特に問題はない。

しかし、同じ経籍志の著録には、以下のようにあるのだ。

『七略別録』二十巻、劉向撰。
『七略』七巻、劉歆撰。

『隋書』経籍志は隋の宮中の蔵書に基づく目録であるから、隋の時代には、この二つの本があったことになる。しかし劉向の著作が、『別録』ではなく『七略別録』と呼ばれているのが奇妙である。これは『隋書』経籍志がそのように著録するばかりでなく、『旧唐書』経籍志や『新唐書』芸文志も同じようにその書名を『七略別録』としている。

書物としては、『別録』の方が先に成立しており、その後、「七略」の名称が劉歆の時代にできた。つまり劉向の時代には、「七略」という言葉も名称もなかった可能性がある。だから、劉向『別録』なら違和感ないが、劉向『七略別録』というのは、どうも奇妙に感じられるのだ。

これについて、清の目録学者、姚振宗は次のように考えた。すなわち劉向は寿命のせいで校書を終えられなかったのだから、『別録』を完成させることもできなかったはずだ。二十巻本の『七略別録』は、子の劉歆が『七略』を献上したタイミングで完成させたもので、『七略』の他に別にこの録があるという意味ではないか、と。

姚振宗の意見に対して、姚名達が、『別録』の「別」とは、序録を取り分けて編輯したという意味であり、「『七略』の他に別にこの録がある」などという意味ではあり得ないと指摘したのはもっともだが(『中国目録学史』、五〇頁)、しかし、六朝隋唐時代に流布していた二十巻本『七略別録』が、劉向の没後に編纂された書物だとしても、おかしくはないように私には思われる。そうであるならば、『七略』と同じ分類が同書に施してあったとも想像できよう。

余談ながら、『ケンブリッジ中国文学史』第一冊、第一章「早期の中国文学、始まりから前漢まで」の第八節「漢代における戦国文献系統の構築」において、マーティン・カーン氏は『別録』を紹介し、この「別録」の語に Categorized Listings の訳を当てている。分類された、の意で「別」を理解したものであろう。通説とは異なるが、一説として紹介しておきたい。

第三節　『別録』『七略』のその後

『別録』と『七略』は、後世に影響を与えた。まず、後漢の時代においては、阮孝緒《げんこうしょ》『七録』序に「（劉）歆、遂に群篇を総括して其の『七略』を奏す。後漢の蘭台《らんだい》に及びて、猶お書部を為す。又た東観《とうかん》及び仁寿閣《じんじゅかく》に於て新記を撰集す」とあり、これは蘭台・東観・仁寿閣といった後漢皇室の蔵書機関においても、『七略』にならって目録が作成されたことを伝える史料だとされている（第八章に後述）。残念ながらそれら後漢時代の目録は後世に伝わらなかったが、劉向にはじまる目録作成が、後漢時代に影響を与えたことは確かである。

また『隋書』経籍志、史部、目録類の序によれば、魏晋時代以降も、それぞれ皇室の蔵書について、三国魏の鄭黙《ていもく》の『中経簿《ちゅうけいぼ》』、西晋の荀勗《じゅんきょく》の『中経新簿』、東晋の李充《りじゅう》の目録、劉宋の謝霊運《しゃれいうん》の目録、同じく劉宋の王倹《おうけん》の目録、南斉の王亮《おうりょう》、謝朏《しゃひ》らの目録、そして梁の任昉《じんぼう》、殷鈞《いんきん》らの目録などが作られた。

なお、それ以外にも、皇室の蔵書の目録ではない書目も、南北朝時代には作られており、そのうち有名なものとして王倹『七志』と、梁の阮孝緒『七録』がある。この二つは私家の書目であるが、それぞれの書名に「七」が含まれていることからも想像できるように、劉歆『七略』に敬意を表して命名された目録なのであった。特に後者は、その序に「今撰《いま》する所の『七録』は、王（倹『七志』）と劉（歆『七略』）とを斟酌す」とあるように、劉歆の目録に大きな影響を受けたものである。金文京氏は、六分類が廃れ四部分類が盛行する時代になっても、私家目録の間に四部分類に安住しない目録があったことを指摘している（「中国目録学史上における子部の意義」一九二～一九三頁）。

その後、隋が陳を滅ぼすことによって南北の統一が成し遂げられた。『隋書』経籍志は、隋の国家的な書目をベースとして、さらに阮孝緒『七録』によって内容を補ったものであり、ひとつの記念碑的な書目となった。この目録の序文には、劉向校書に始まり、魏晋南北朝時代に隆盛を迎えた目録学の歴史が詳述されており、そこには劉向校書の意義が、遺憾なく説かれている。そして、唐代における国家の蔵書目録を基礎として作られた、『旧唐書』経籍志と『新唐書』芸文志の二つの目録も、明らかに隋志を継承し、部分的な変更を加えたものであるから、そこにも明瞭に劉向・劉歆の目録学が反映しているのである。

以上のように後漢から南北朝隋唐時代までの目録の歴史、特に国家の蔵書目録の歴史を概観すると、そこには劉向らの目録学が甚大な影響を与えていることが容易に見て取れる。ただし一方、それと比較すれば、劉向らが整理したいわゆる「新書」の多くは、新末・後漢末・西晋末の混乱のなかで失われてしまった。このことについては、第八章にてあらためて述べることとする。

第四節　『別録』『七略』の輯本

　しかしながら、かく重要な書目である『別録』も『七略』も、現在には伝えられていない。中国では古代から多くの典籍が著され、そして亡びていった。平凡な書物がそのような運命をたどったばかりでなく、重要とされる書物でも亡びざるをえなかったものは少なくなかった。いったんは世に現れたものの、後に亡びてしまった書物のことを「佚書《いっしょ》」（逸書とも）と呼ぶ。

　『別録』と『七略』も、残念なことに佚書となってしまった。両書が失われた時期については確証がないものの、ほぼ唐末ごろであると推測されている（『七略』について、後述の姚振宗が『七略佚文』序において「蓋し（『七略』は）『別録』と同《とも》に唐末五代に亡ぶ」と言っている）。唐代における皇室の蔵書を記録した『新唐書』芸文志に「劉向『七略別録』二十巻」「『七略』七巻」と見えるので、そのころまで存在していたのであろう。

　その後、北宋時代の皇室の蔵書目録である『崇文総目』に載っていたかどうかが確認できないが、どうも同書には載っていなかったのではないかと言われている。その後、確かな現存書目録に両書が見えることはなくなった。つまり、北宋時代以降、両書を見たという記録はまったくないのだ。

　佚書について、文献を重んずる中国においては、「輯本《しゅうほん》」（輯佚書、輯逸書とも）というものがしばしば作られた。亡びて佚書となったものについて、残された断片を学者が集めて本を作りなおすのである（その作業を「輯佚」という）。特に、様々な書物から内容を抜萃して百科事典のように編輯して作られた

「類書」と呼ばれる書物や、あるいは注釈書などには、大量の古書が引用されている。そういった引用文は、輯佚の際、たいへん有用な材料となる。宋代以降、数多くの学者がそのようにして数々の輯本を作っており、南宋の王応麟《おうおうりん》、清代の厳可均《げんかきん》など、とりわけ有名な輯佚家も中国の文献学史に登場した。

このような次第であるから、『別録』『七略』の両書についても、しばしば輯佚が試みられた。有名なのは、清の厳可均の輯本（『全漢文』本）、馬国翰《ばこくかん》の輯本（『玉函山房《ぎょくかんさんぼう》輯佚書』本）、姚振宗《ようしんそう》の輯本（後述）、そして民国時代の章太炎《しょうたいえん》の輯本（『七略別録佚文徴』）などである。このうち、姚振宗の輯本、すなわち『七略別録佚文』および『七略佚文』が、最もよく完備していると考えられる。そういう意味においては、今日、劉向・劉歆の目録学を考えるためには、この姚振宗輯本に依拠する必要があるというわけである。

第五節　姚振宗輯本の登場

姚振宗（一八四二〜一九〇六）、字は海槎《かいさ》、浙江山陰の人。目録学の専門家で、『七略別録佚文』『七略佚文』が代表的な著作であり、それ以外にも『隋書経籍志考証』がことに名高い。詳しい伝記は、陶存煦「姚海槎先生年譜」（『師石山房叢書』、開明書店、一九三六年、の附録）に見える。

『七略別録佚文』は、厳可均の『全漢文』本、馬国翰の『玉函山房輯佚書』本を基にして編輯されているが、多くの知見に富んでおり、劉向研究のための画期的な著作である。またもう一方の『七略佚文』は、厳可均の『全漢文』本を基礎としている。

佚文がよく揃っており、また問題のある佚文（つまり本来、その本の佚文ではないにも関わらず誤って先行の輯本に採録されているような佚文）が排除されており、信頼に足るものとなっている。さらには、両輯本の序文である「七略別録佚文叙」と「七略佚文叙」は、劉向・劉歆の目録に関する重要な資料を集め

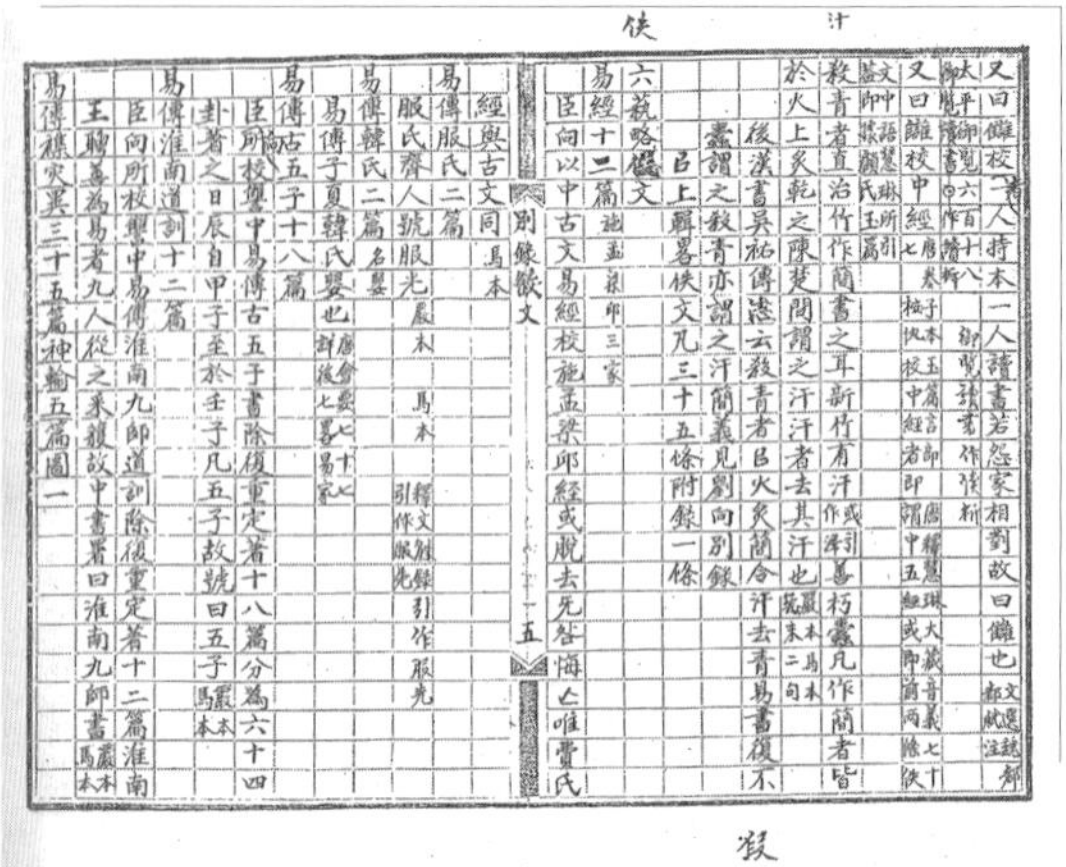

図9　姚振宗稿本『七略別録佚文』

ており、それまでの常識を破る斬新な視点が見えている。特にそのころ注意する人の少なかった梁の阮孝緒『七録』序を活用している点は重要である。

なお姚振宗の二種の輯本については、一九三六年に上海の開明書店が出版した本が、これまでよく用いられてきた。しかしながら近年、鄧駿捷《とうしゅんしょう》氏が新たに点校を加えたものが『七略別録佚文・七略佚文』として出版された。これは、上海の復旦大学が蔵する姚振宗の稿本（この稿本は『続修四庫全書』にも収録されている）を底本にして整理したものである。今後、劉向・劉歆研究の新たな定本となるものと想像される。

ただ、姚振宗が世を去ってすでに百年以上も時間が経過しており、その間に研究も進展しているため、さすがに完全無欠というわけにはゆかない。『七略別録佚文』の問題点を少し挙げてみよう。

（一）「諸子略佚文」のうち、『説苑』序録の佚文について、姚氏は晁公武『郡斉読書志』および王応麟『漢芸文志考証』から採録しているが、現在では、宋刊本『説苑』（中国国家図書館蔵）に載せられた序録を直接に確認することができる。特に、姚氏輯本では末尾の記載が「鴻嘉四年三月己亥上」となっているが、宋版では「鴻嘉四年三月己亥、護左都水使者光禄大夫臣劉向上」と、劉向の署名が見えており、より完備している。

（二）「諸子略佚文」のうち、『老子』序録の佚文について、姚氏は宋の董思靖《とうしせい》『老子集解』序から、「『老子』、臣向定著、二篇、八十一章、上経三十四章、下経四十七章」という佚文を拾っているが、今日では同じく宋の謝守灝《しゃしゅこう》『混元聖紀』巻三が引く『別録』の佚文、「劉向讐校中『老子』書、二篇、大史書一篇、臣向書二篇、凡中外書五篇、一百四十二章、除複重三篇六十二章、定著二篇八十一章。上経第一、三十七章、下経第二、四十四章」の方が、より完備した佚文であることが知られている。むしろ姚氏の引く董思靖『老子集解』序の内容は、何らかの誤りを含むものと考えられている（虞万里氏の説）。

（三）「数術略佚文」のうち、『山海経』序録の佚文について、姚氏は元刊本『山海経』から採録しているというが、その篇目部分について、「『山海経』十三篇」とし、南山経第一から海内東経第十三までの十三篇を並べているが、宋刊本『山海経』では、「『山海経』十八篇」とし、大荒東経第十四から海内経第十八までをも載せている。むろん、後者の方が正しく、姚氏が基づいたテクストは改変を経たもので、信用できない。

これらの短所を踏まえて利用するならば、姚振宗の輯本は今後とも力を発揮するものと言えよう。

また、劉向・劉歆研究に関する姚振宗のもう一つの著作として、『漢書芸文志条理』に触れておきたい。これも、劉氏の校書を考える上で不可欠の業績である。

姚振宗は、『漢書』芸文志には明文化されていない「条理」、すなわち法則性を見出している。これは優秀な目録学者ならではの発想である。複数の書物が列記されているとして、それは如何なる法則に基づいて並べられているのか。姚振宗はその「条理」を追究したのである。

内山直樹氏の論文「『七略』の体系性をめぐる一考察」を手がかりに、その例を挙げておこう。『漢書』芸文志、六芸略、春秋家は、「『春秋』古経、十二篇、経、十一巻」に始まり、「『漢大年紀』五篇」まで、三十部の諸書を掲出している。この春秋家を、姚振宗は二つに分けた。すなわち（一）『春秋』古経、十二篇、経、十一巻」から「『議奏』三十九篇」までで、これを姚氏は「皆な経伝の属也」と呼んでいる。もう一つが（二）「『国語』二十一篇」から「『漢大年紀』五篇」まで、これを「皆な古今の史伝の、此の篇に附著せる者也」としている。後者には、『戦国策』や『太史公』（『史記』）などが含まれており、後の四部分類の史部へと発展するものである（なお、『国語』は別称を『春秋外伝国語』といい、『春秋』の外伝とみなされてきたので、四部分類が出現して以降もかなり長く経部の地位に留まったが、四庫全書では史部、雑史類に入れられた）。

このように、姚振宗は、『漢書』芸文志に羅列された書名の順序のうちに「条理」を見出しており、我々にも大きな啓発を与えてくれる。同じことは、姚氏の『隋書経籍志考証』にもうかがわれる。洞察力に富んだ目録学者であったといえよう。

第六節　『別録』『七略』に著録された書物

ここで、『別録』『七略』に著録されたのは、どの範囲の書物であったのかを考えておきたい。言い換えれば、劉向・劉歆らの校書の対象は何であったか、ということである。

劉歆『七略』の有名な佚文がある。『太平御覧』巻八八から引用しておこう（同書の巻二三三・巻六一九、漢志序の如淳《じょじゅん》注の引用にもほぼ同文が見えるが、最も完備したものを挙げる）。

孝武皇帝、丞相の公孫弘《こうそんこう》に勅し、博く献書の路を開かしめ、百年の間、書の積むこと丘山の如し。故に外に太常・太史・博士の蔵有り、内に延閣《えんかく》・広内《こうだい》・秘室の府有り。

「外」の「太常・太史・博士の蔵」、そして「内」の「延閣・広内・秘室の府」、そういった蔵書があったことが、この記述から知られる。ひとまず、「内」は長安城未央宮の禁中を指し（禁中については、次章にて述べる）、「外」は長安城のそれ以外の区画を指すものと考えておく。

しかしながら、目録学を説く著述のなかで、この記述がしばしば劉向らの校書の対象、範囲を述べたものとみなされていることは、私からすると勇み足であるように思われる。この部分に続く文章は知られておらず、「太常・太史・博士の蔵」と「延閣・広内・秘室の府」とに存在したすべての書を劉向・劉歆らが整理したのかどうか、さだかではない。

私はむしろ、『漢書』成帝紀、河平三年（前二六）の「光禄大夫の劉向をして中秘書を校せしむ」という記事を重く取りたい。すなわち、劉向らに命ぜられたのは、禁中に蔵されていた書物だったのである。「中秘書」の「中」というのと、「内に延閣・広内・秘室の府有り」というのの「内」とは、おおむね同一のものを指すと考えるが、しかし延閣と広内とが資料的な制限のためによく分からず、どのような性格の蔵書施設なのか明確にしがたいのは残念である。いずれにせよ、禁中の蔵書であることはまず確認しておきたい。

ここに一つの問題がある。それは、兵書・数術・方技の三略については、禁中の蔵書を対象としたものでなく、「外」に属する諸官府の蔵書を対象としたものである可能性が、かねてより考えられてきたことである。章学誠は言う（『校讎通義』「補校漢芸文志」第十之二）。

劉向の校書に際し、みずから領校した六芸・諸子・詩賦三略は、おおむね中秘の所蔵に由来する。これに対し、兵法・数術・方技が専門官によって分担されたのは、これら三略はすべてが中秘の所蔵に由来するわけではなく、書物がそれぞれ所定の官署に保管されていたため、劉氏には著録のすべがなかったのである。

蕭何の律令や張蒼の「章程」が『漢書』芸文志に著録されていないことを不備として指摘した鄭樵の説に、章学誠が反駁を試みた文脈であるが、ここで、「兵法・数術・方技が専門官によって分担されたのは、これら三略はすべてが中秘の所蔵に由来するわけではない」せいだ、というのである。となると、現在、『漢書』芸文志の兵法・数術・方技三略に見える書物のなかには、もともと中秘書に由来しないものが含まれる、ということになる。

しかし、これは章学誠がそのように言っているというだけであり、確たる証拠のある話ではない。むしろ、中国人民大学の徐建委氏が「漢志に見えない書物は、秘府に蔵されていないか、もしくは校勘の要がなかったものである」（『文本革命』、一三～一四頁）というように、秘府に蔵された書物のみが、当時の校書の対象となったと考える方がよいのではないだろうか。

第七節　劉氏校書と『漢書』芸文志

清の特異な歴史家である章学誠が『漢書』芸文志にばかり目を向け、かえって劉向らの校書の実態に迫り損ねたことについて、民国時代の目録学者、余嘉錫は次のように批判した。

章学誠が『校讐通義』を著したのは、劉向・劉歆父子による校讐の原則を説明するためであったが、そのくせ劉向・劉歆の遺説については一顧だにせず、ただ『漢書』芸文志の検討のみにもとづいて立論している。だから「劉歆の『七略』はすでに亡び、その原則について知るよすがは、もはや班固の『漢書』芸文志注のみ」などというのである。しかし、『七略別録』は亡んだとはいえ、その佚文は諸書に散見する。（邦訳『目録学発微』、二五頁）

またその原注には次のようにいう。

章氏の時代にはまだ馬国翰・洪頤煊・姚振宗らによる『七略別録』の輯佚書は存在しなかった。章氏は考証学に長じていなかったため、捜索が及ばなかったのであろう。

章氏に対する余氏の批判は正しいと思う。劉向の序録、そして劉歆の『七略』は、それ自体、独自の価値を有する著作である（前述の通り、残念なことに両書とも失われてしまったが）。それに対し、班固の芸文志の方は、ただ『七略』を省略して『漢書』に載せただけのことである。独創性・個性の観点から見るならば、目録学に対しては劉氏父子（そして彼らの協力者たち）の貢献の方が明らかに大きいのは、誰の目にも明らかではなかろうか。

姚振宗・余嘉錫らの蓄積によって、一歩ずつ劉氏らの校書の意義が明らかにされてきたのである。現代でも時として、「班固『漢書』芸文志」の偉大さを強調する文章に出会うことがあるが、天邪鬼の私などは、どうしても「なぜ劉向・劉歆の名を挙げずに、班固を語るのか」と思ってしまうのである。そのようなことも、本書を執筆する動機となっている。

以上のように、『別録』『七略』が二劉によるオリジナルな仕事であることを確認した上で、次章においては、彼らの校書が具体的にどのように行われたのか、複数の見地を設定して観察することとしたい。

コラム

姚振宗とその著作

姚振宗《ようしんそう》は、字は海槎《かいさ》、浙江《せっこう》山陰の人（この地は今では紹興酒で有名な紹興である）。その著書は『師石《しせき》山房《さんぼう》叢書』（開明《かいめい》書店、一九三六年）にまとめられている。

『七略別録佚文』一巻
『七略佚文』一巻
『漢書芸文志条理』八巻
『漢書芸文志拾補』六巻
『隋書経籍志考証』五十二巻
『後漢芸文志』四巻
『三国芸文志』四巻

以上の書物は、すべて目録学に関するものであり、姚氏がこの方面に力を注いだことが知られる。

『師石山房叢書』には、それ以外に附録として、王式通《おうしきつう》「師石山房叢書題辞」（宣統三年）、陳訓慈《ちんくんじ》の序（民国二十五年）と「姚先生小伝」、陶存煦《とうそんく》の「姚海槎先生年譜」と「師石山房叢書目録」が備わっている。

姚振宗の著作のうち、本人も得心の出来映えであったという『隋書経籍志考証』は、『二十五史補編』（開明書店、一九三六年）にも収録されており、高い評価を受けている。興膳宏氏・川合康三氏らが訳注を施した『隋書経籍志詳攷』（汲古書院、一九九五年）は、利用価値の高い隋志の参考文献であるが、その多くを姚振宗『隋書経籍志考証』に負うもののようである。

今でこそ姚振宗という学者は高名だが、生前はそれほど有名でもなかったらしく、その没後に子孫の努力でようやく知られるようになった。その経緯が「年譜」の末尾から分かる。

・民国六年（一九一七）、張鈞が「適園叢書」に『後漢芸文志』『三国芸文志』を収録。
・その後、数年して楊立誠が「文瀾閣珍本叢刊」に『七略別録佚文』『七略佚文』『漢書芸文志條理』『漢書芸文志拾補』を収録。
・民国二一年（一九三二）、陳訓慈が浙江図書館より、「文瀾閣珍本叢刊」から『七略別録佚文』『七略佚文』『漢書芸文志條理』『漢書芸文志拾補』を取り、さらに『隋書経籍志考證』を印行し、『快閣師石山房叢書』として出版。

『快閣師石山房叢書』が一九三二年に出版されて以降、ようやく姚振宗の学問が広く知られるようになったということらしい。有名な画家でも生前はまったく絵が売れなかったという例もあるそうだが、どうも学者も生きているうちには評価が低く、その死後に名声を獲得することがあるらしい。

さて、この年譜には、姚氏の号「師石」の由来を語った部分があるのでそれを紹介したい。にわかには分かり難い名前である。

同治六年（一八六七）、姚振宗の父親、秋墅《しゅうしょ》公（姚仰雲《ようぎょううん》）は、当時住んでいた揚州《ようしゅう》で、獅子、つまりライオンの形をした奇石を入手した。それが「獅石」であり、これにちなんで「師石山房」という名の建物を築いた。「獅」のケモノヘンを省略して「師」と表記したものである。

ところが、その二年後の同治八年四月、父親は揚州の地で亡くなってしまった。生前、彼は国庫に対して多額の金を献納していたため、それに報いて八月にはまとまった金が姚振宗に対して支給された。そこで姚振宗は父の棺とともに故郷の紹興に帰ることにして、父が生前、紹興の鑑湖《かんこ》のほとりに建つ名勝、「快閣」に住みたいと言っていたのを忘れず、父の遺志に従い、これを購入し、翌同治九年の春、ここに移った。時に姚振宗、二十九歳。

もともと快閣は、宋を代表する大詩人である陸游がこの地に建てたもので、その中には桐香書屋・師舟・漱酣亭といった多くの名所があったが、快閣を買い取った姚振宗はそのうちの「師舟」を「師石山房」と改名した。これが姚氏の個人叢書である『快閣師石山房叢書』のタイトルともされた、快閣師石山房の由来である。

しかしこの快閣はすでに破壊されてしまっていて、現地には何も残されていないという。残念なことである。また、もともと紹興酒はこの鑑湖の水の恵みを利用して作られてきたというが、近年は水質悪化のせいでこの水が酒造りに使えなくなっているらしい。これまた実に残念なことである。

第六章　校書の様相

第一節　校書を担ったのは誰なのか

成帝の命により、劉向が「中秘書」の校書を開始したのは、河平三年（前二六）八月であり（『漢書』成帝本紀）、劉向はこの時、五十四歳であった。この校書は前代未聞の大事業であり、その完成までかなり長い歳月を要しており、綏和元年（前八）四月に劉向が亡くなってもなお完成せず、その事業はあらためて哀帝の命を受けた劉歆により受け継がれた。

校書の始まりは河平三年と分かっているが、その終わりが何時なのかは分かっていない。ただし前述の通り、唐代初期の注釈家、李善《りぜん》が「『七略』の作は、哀・平の際に在り」云々といっているので、哀帝が崩御した紀元前一年か紀元後一年頃、と考えておきたい。

ではこの校書は、誰が、どのように担ったのか。史料に制限があるためにすべてが分かるわけではないが、本章ではできる限りその様相に迫りたい。

まず、校書を担ったのは誰なのか、という問題がある。劉向・劉歆については、すでに繰り返し述べたところであるし、また六分類のうち、任宏が兵書を、尹咸が数術書を、李柱国が方技書を担当して校書したことにも言及した。ただ、これら五名だけがこの大事業を担ったわけではない。それ以外の関係者として、銭穆「劉向歆父子年譜」の河平三年の項に、杜参《としん》・班斿《はんゆう》・劉歆・望《ぼう》（姓氏は未詳）に関する資料が挙げられているが、かえって清朝の姚振宗『隋書経籍志考証』がより網羅的にそのリストを挙げており、杜参・房鳳・王襲《おうきょう》・蘇竟《そきょう》・望・卜圭《ぼくけい》・富参《ふしん》・立《りつ》（姓氏は未詳）を列記している。ここでは私なりに、劉伋《りゅうきゅう》・杜参・班斿・房鳳・王龔・展隆・楊雄について、まとめ直しておきたい。
まず劉伋は、劉向の子で、劉歆の兄である。梁の阮孝緒《げんこうしょ》「七録序」に、次の一文がある。

孝成の世、光禄大夫の劉向、及び子の伋・歆等に命じて、篇籍を讐校せしめ、一篇已《お》わる毎《ごと》に、輒《すなわ》ち録して之を奏す。

これはおそらく、『七略』に書かれていた内容を、阮孝緒が録したものと考えられており、成帝の頃から、その命を受けて劉向とその二人の子が校讐に従事していたことが分かる。劉伋については『漢書』楚元王伝に、劉向の子として「長子の伋、『易』を以て教授し、官は郡守にいたる」と見えている。

次に杜参。『晏子』の序録に「臣向、謹んで長社尉の臣参と与に校讐す、大史書五篇、臣向書一篇、臣参書十三篇、凡そ中外書三十篇、八百三十八章為り」と見えているから、劉向とともに『晏子』を校讐したのみならず、また家蔵の『晏子』の写本を校書の材料として提供したことも分かる。同様に、『列子』についても「校する所の中書『列子』五篇、臣向《きょう》、謹んで長社尉の臣参と校讐す」とある。また杜参については、次のように彼自身の著作が『別録』に載っていた形跡がある。

『博士弟子杜参賦』二篇。臣向《きょう》、謹んで長社尉の臣参と中秘書を校讐す。（『七略別録佚文』、七三頁）

これは、まず杜参の書いた『博士弟子杜参賦』二篇が秘書として宮廷に蔵され、それを劉向と杜参自身がともに校書した、という、大変に面白い例である。

ついで、班斿は班彪の父（班稚）の兄で、劉向とともに校書したことが『漢書』叙伝に見える。この班斿については、第八章にてあらためて述べることとする（二〇三頁を参照）。

斿、博学にして俊材有り、左将軍の師丹、賢良方正に挙げ、対策を以て議郎と為す。諫大夫、右曹中郎将に遷り、劉向と与《とも》に秘書を校す。奏事する毎《ごと》に、斿は選を以て詔を受けて群書を進読す。上は其の能を器とし、賜うに秘書の副を以てす。

次に房鳳と王龔。『漢書』儒林伝に次のようにある。

房鳳、字は子元、不其の人なり。射策乙科を以て太史掌故と為る。……擢《ぬ》かれて光禄大夫と為り、五官中郎将に遷る。時に光禄勲の王龔、外属の内卿たるを以て、奉車都尉の劉歆と共に校書し、三人、皆な侍中なり。

王龔は、『漢書』百官公卿表下によると綏和二年（前七）二月に侍中光禄大夫から衛尉にうつっている。また『山海経』の序録にも、「侍中光禄勲臣龔」と見えているので、おそらく建平元年（前六）四月以前には光禄勲となっていたのであろう。さらに、劉歆が古文経学を復興しようとして有名な「太常博士を責むるの書」を書いた際にも、房鳳・王龔も賛同し、劉歆と連名でその手紙を太常におくったと『漢書』儒林伝は伝える。

そして展隆。班固「典引」(『文選』巻四十八)に、次のような文がある。「永平十七年、わたくしは賈逵・傅毅・杜矩・展隆・郗萌らとともに、召されて雲龍門におもむいたところ、小黄門の趙宣が『史記』秦始皇帝本紀を手に取り、「太史遷が書いた賛の語のなかに、間違ったことなどあるものでしょうか」、と我々に質問された」。これに対する李善の注に次のようにある。

『七略』に曰く、「尚書郎中の北海の展隆」、と。然れども『七略』の作、哀・平の際に在りと雖も、展隆は寿《ひさ》しくして或いは永平の中にいたるか。

李善が引く『七略』に「尚書郎中の北海の展隆」とあるのは、まず間違いなくこの人物が、この肩書きをもって、劉歆らの校書に参加したことの実録であろう。ところが、李善も疑問に思っているらしいのは、その展隆は、永平十七年(七四)まで生きながらえて、ましてや班固(三二～九二)や賈逵(三〇～一〇一)らとともに諮問に応ずることが、一体可能であったのか、ということであろう。かりに『七略』完成時を紀元前一年とし、またかりにその時、展隆が二十歳であったとすると、永平十七年には九十四歳であった計算になる。

『七略』に見える展隆が、班固の同僚の展隆と同一人物なのか、あるいは同姓同名の別人なのか、分からないが、しかし少なくとも「尚書郎中の北海の展隆」という人が前漢末の校書に関わっていたことは間違いない。

最後に、楊雄（前五三～後一八）について紹介しよう。彼は王莽の行動に従い、王莽が前漢を滅ぼし新朝（八～二三）を建国した後も仕えていたが、始建国二年（一〇）のこと、甄尋《しんじん》（甄豊《しんほう》の子）、劉棻《りゅうふん》（劉歆の子）が王莽を称える符命（瑞祥を根拠に天子を称える文章）を勝手に作って献上したところ、その内容が王莽の怒りに触れ、甄尋・劉棻が誅せられるという事件があった。連座の範囲内にある者が捕らえられるなか、楊雄は当時、天禄閣で「校書」の仕事をしていたのだが、「治獄の使者」がやって来て捕えられそうになると、楊雄は「自ら免るる能わざるを恐れ、乃ち閣上より自ら投下し、幾《ほと》んど死せんとす」という事態にいたった。劉棻が字書を作った際、楊雄の指導を受けた過去があるため、楊雄はみずから連座を免れないと考え、高層の建築からとっさに身を投げたというわけである（興味深いことに、『漢書』全体を通じ、「天禄閣」という固有名詞はこの場所にしか現れていない）。ちなみに、その後、楊雄は天子の王莽から許された。この一件の顛末は、『漢書』楊雄伝の「賛」の部分に書かれており、班固が書いたこの楊雄伝「賛」の史料的価値については興味深いところがあるが、ここでは述べられないので、嘉瀬達男氏の論文「『漢書』楊雄伝所収「楊雄自序」をめぐって」を参照されたい。

さて、この投身事件を起こした時、楊雄は「天禄閣上にて校書」していた。これは、前漢時代における劉向・劉歆らの「校書」と同じ性質の仕事なのであろうか。そうであるとすると、『七略』が「哀・

平の際」に完成したのちも、「校書」は続けられており、楊雄もその任に当たっていた、ということになろう。秋山陽一郎氏は、「おそらくは劉歆が自害した地皇四年（二三）まで続いたのではないだろうか」と推測している（「劉向・劉歆校書事業における重修の痕跡」（上）、二八頁）。その論文で秋山氏は、一度校書の済んだ書物でも、新たな写本が獲得されるとあらためて校書がし直されたことを論じており、当時の校書の実態を考えるうえでも興味深い指摘である。

第二節　校書の記録――「荀子書録」を例として

次に彼らの校書の重要な成果である序錄の例を見てみたい。劉向・劉歆らが諸書について書いた序錄（「叙録」「書録」）の大部分は失われてしまったが、それでも文が伝えられたものがある。現在知られるのは、劉向の署名を有するものとして、『戦国策』『説苑《ぜいえん》』『管子《かんし》』『晏子《あんし》』『列子』『鄧析子《とうせきし》』『孫卿《そんけい》』（『荀子』）があり、そして劉歆の署名を有するものとして、『山海経《せんがいきょう》』がある。すべて、それぞれの書物の内容とともに伝承されたものである。

ただ、余嘉錫は次のようにいう、「伝存する劉向の校定を経た書物のうち、『管子』『韓非子』などは、序録が後人の改竄をこうむり、巻数のみだりな割裂や、篇目部分の削除が行われた。しかし『戦国策』および『晏子』はなおもとの格式をとどめている」、と（邦訳『目録学発微』、五〇頁）。また余氏は『荀子』の序録も、もとの状態に近いと考える。すなわち、余氏に従うならば、『戦国策』『晏子』『荀子』の序録

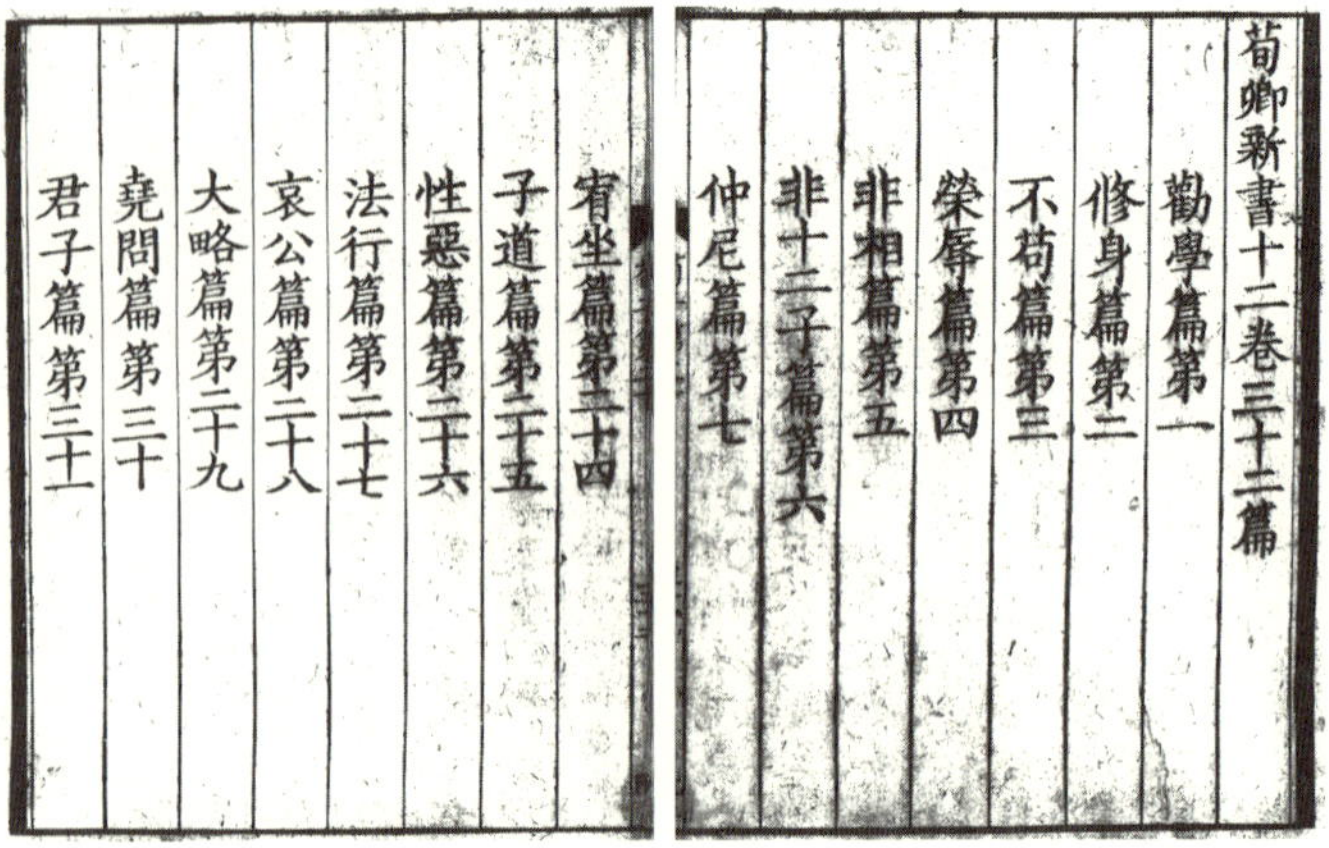
荀卿新書十二卷三十二篇
勸學篇第一
修身篇第二
不苟篇第三
榮辱篇第四
非相篇第五
非十二子篇第六
仲尼篇第七
宥坐篇第二十四
子道篇第二十五
性惡篇第二十六
法行篇第二十七
哀公篇第二十八
大略篇第二十九
堯問篇第三十
君子篇第三十一

図10　宋本『荀子』から

が当時のかたちを比較的、忠実に伝えるものということになる。内藤湖南氏は、この三つに加えて『管子』も確かなものと認める（「支那目録学」三七五頁）。少なくとも『荀子』の序録の真偽については重大な疑いが持たれたことはない。

　諸書の序録には、劉向らの校書の過程が記載されている。長文にわたるが、ここで『荀子』の序録を例として読んでみたい。まず以下の通り、『孫卿新書』（『荀子』）全体の篇名を列挙している。

『荀卿新書』、十二巻、三十二篇。

勧学篇第一　修身篇第二　不苟篇第三
栄辱篇第四　非相篇第五　非十二子篇第六
仲尼篇第七　成相篇第八　儒效篇第九
王制篇第十　富国篇第十一　王覇篇第十二
君道篇第十三　臣道篇第十四　致仕篇第十五
議兵篇第十六　強国篇第十七　天論篇第十八
正論篇第十九　楽論篇第二十　解蔽篇第二十一

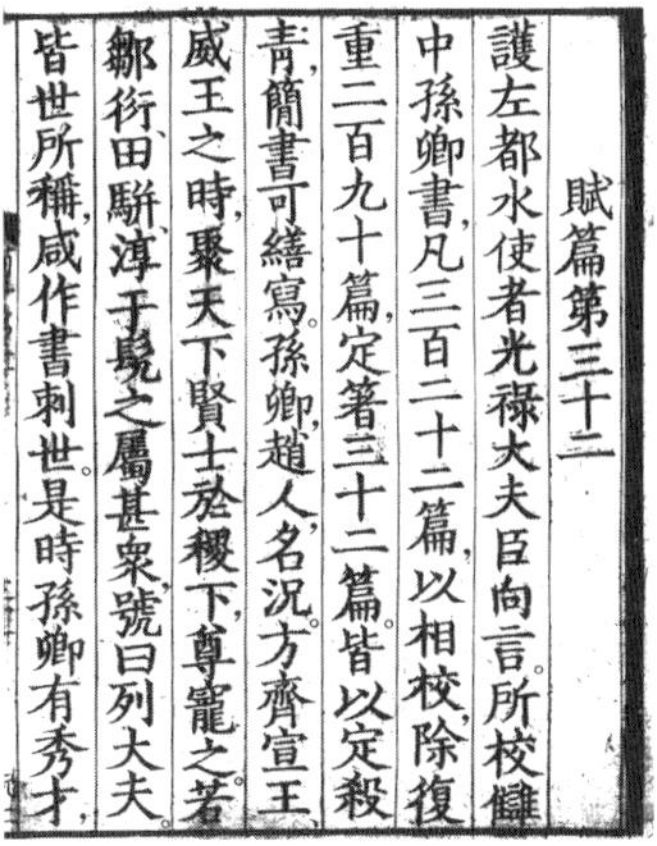
賦篇第三十二
護左都水使者光祿大夫臣向言所校讎
中孫卿書凡三百二十二篇以相校除復
重二百九十篇定著三十二篇皆以定殺
青簡書可繕寫孫卿趙人名況方齊宣王
威王之時聚天下賢士於稷下尊寵之若
鄒衍田駢淳于髡之屬甚衆號曰列大夫
皆世所稱咸作書刺世是時孫卿有秀才

正名篇第二十二　礼論篇第二十三　宥坐篇第二十四
子道篇第二十五　性悪篇第二十六　法行篇第二十七
哀公篇第二十八　大略篇第二十九　堯問篇第三十
君子篇第三十一　賦篇第三十二

　このように、書名と巻数・篇数などをまず書き、その上ですべての篇目を順序立てて並べるのが、序録の体例であったらしい。このように順序立てて篇を並べることは、現代人の我々の目には当たり前に映るが、前漢時代においては、それほど一般的ではなかった可能性もある。また、書名に「新書」の二字が含まれているのも興味深い。劉向らが新たに校定した書、という意味に理解される。

　そして、以上の篇目を並べたうえで、以下のような説明を加えている。

　護左都水使者、光禄大夫の臣向《きょう》が申し上げます。わたくしどもが校讐いたしました中（宮中）の『孫卿』の書は、あわせて三百二十二篇、互いに比較し、重複した二百九十篇を削除し、三十二篇に書き定めました。すべて、加工済みの竹簡を用意して、書写できる段階です。

この部分は整理の概況を述べ、そのうえで新しい定本が完成したことを皇帝に告げる文である。さらに次のようにいう。

孫卿は趙の人で、名は況《きょう》です。ちょうど斉の宣王、威王の時、天下の賢士を稷下《しょっか》に集めて手厚くもてなし、鄒衍《すうえん》・田駢《でんべん》・淳于髡《じゅんうこん》などの人々がたいへん多くおり、列大夫《れったいふ》と呼ばれました。……この時、孫卿は優れた才能を持ち、十五歳（「年五十」とする本もあるが、「年十五」が正しいらしい）の時にはじめて斉に游学しに来て、諸子のすることは、どれも先王の法ではないと主張しました。孫卿は『詩』『礼』『易』『春秋』に長じておりました。斉の襄王《じょうおう》の時、孫卿は最も長老で、斉では士人を尊重して列大夫の欠員を埋めたのですが、孫卿は三たびその祭酒《さいしゅ》（学士たちの長）となりました。斉の人に孫卿を譏る人がいて、楚に遷りました。……李斯は孫卿の弟子だったことがあり、秦の丞相となりました。韓非《かんぴ》や浮丘伯《ふきゅうはく》も、みな孫卿に教えを受けて名儒となりました。……孫卿は結局、世に用いられず、蘭陵《らんりょう》で年をとりました。……そこで儒家・墨家・道徳家の行いと興廃を述べ、数万言の著書を遺して亡くなり、蘭陵に葬られました。……（他にも儒者はいますが）孟軻《もうか》と孫卿とだけが、仲尼を尊重することができたといえます。

荀卿の伝記と、その著書が書きあらわされた経緯が比較的詳しく述べられている。さらに続く。

もし人君が孫卿を用いることができたならば、真の王者になることもできたのでしょうが、結局当時は用いることできず、戦国の六国の君主たちは滅び、また秦国も大いに乱れてついに滅亡してしまったのです。

当時、用いる君主がなく、荀卿の思想を活かすことができず、どの国も滅びてしまったという。最後の部分は、書物の評価である。

孫卿の書物を見ますと、王道は実に実行しやすいものだと述べ、世にそれを用いる力があるものがないと批判します。その言葉遣いは悽愴で、たいへんに痛ましいものです。ああ、このような人物が狭い路地裏で亡くなってしまい、偉大な政治がこの世で実現することはありませんでした。悲しいことで、涙が落ちます。この書物は、経書の注釈書（原文は「記伝」）と比較しても、より法とするに足るものです。謹しんで録します。臣向が昧死して上言いたします。護左都水使者光禄大夫、臣向《きょう》が申し上げます、校讐いたしました中秘書の孫卿書録でございます。

同書の評価を記し（『荀子』については非常に高い評価であるが）、最後に定型の上奏の言葉を述べている。ところどころ読みづらいところもあるが、全体として、荀卿や『荀子』に対する予備知識がなくても、同書を読む優れた手引きとしてまとまっていると感じられる。皇帝にこの書物を読ませようという心意気が伝わってくるようではないか。

第三節　校書の実態――『戦国策』の場合

『戦国策』という書物は、劉向が整理を加えて新たに作ったものであり、いまもその序録の全文が伝わり、そこに「校する所の中『戦国策』書は、中書の余巻、錯乱して相い糅莒《じゅうきょ》す。又た国別の者八篇有り、少しく足らず」、「中書は本《もと》号すらく、或いは『国策』、或いは『国事』、或いは『短長』、或いは『事語』、或いは『長書』、或いは『修書』」などと見えている。この書物の前身は、書名すらバラバラで、分量もまちまちであったのを、劉向らが根本的に組み替えることで一部の書物としたものである。

劉向はどのようにしてこの書物を作ったのか、あるいは再生させたのか。この問題について、最近、秋山陽一郎氏の著書『劉向本戦国策の文献学的研究――二劉校書研究序説』が刊行された。『戦国策』の参考となる出土資料として馬王堆漢墓出土の帛書『戦国縦横家書《しょうこうかしょ》』があるが、秋山氏はそれを『戦国策』との比較材料とし、さらに『戦国策』の内部構造を解き明かして劉向の校書の過程を説明し、現在の同書伝本（姚本《ようほん》と鮑本《ほうほん》が代表的）にいたるまでの道のりを示した。『戦国策』の史料的な性質を考える上でも、不可欠の業績といえよう。

先秦時代の書物は、竹簡を綴り合わせて一篇とする「篇」という単位で数えられることが多く、劉向らも「篇」もしくは「巻」という単位に書物を整理した（一般的に、竹簡に清書されたものが「篇」で、絹

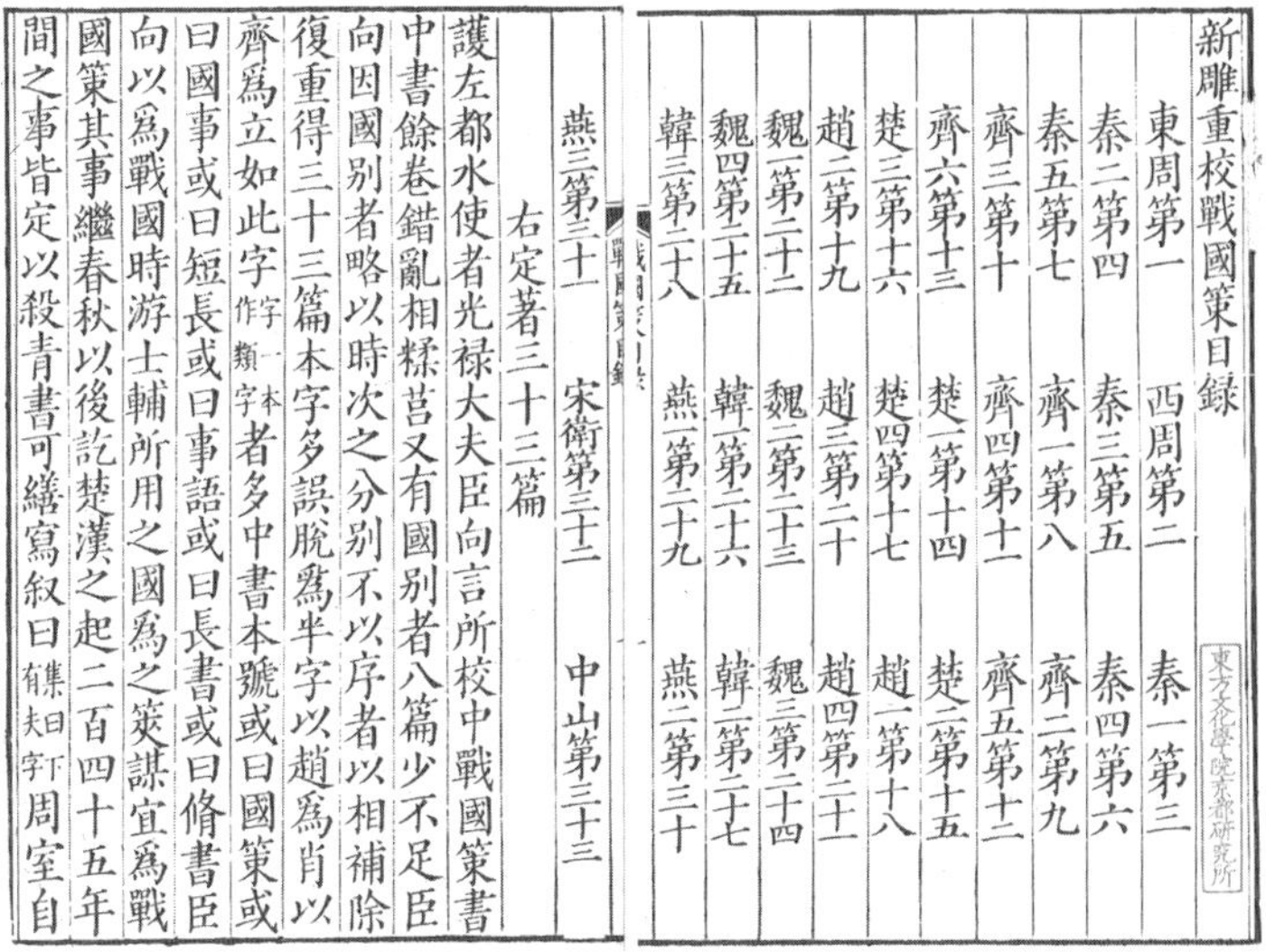
新雕重校戰國策目録
東周第一　西周第二　秦一第三
秦二第四　秦三第五　秦四第六
秦五第七　齊一第八　齊二第九
齊三第十　齊四第十一　齊五第十二
齊六第十三　楚一第十四　楚二第十五
楚三第十六　楚四第十七　趙一第十八
趙二第十九　趙三第二十　趙四第二十一
魏一第二十二　魏二第二十三　魏三第二十四
魏四第二十五　韓一第二十六　韓二第二十七
韓三第二十八　燕一第二十九　燕二第三十
東方文化學院京都研究所
燕三第三十一　宋衛第三十二　中山第三十三
右定著三十三篇
護左都水使者光禄大夫臣向言所校中戰國策書
中書餘卷錯亂相糅莒又有國別者八篇少不足臣
向因國別者略以時次之分別不以序者以相補除
復重得三十三篇本字多誤脱爲半字以趙爲肖以
齊爲立如此字一本字作類字者多中書本號或曰國策或
曰國事或曰短長或曰事語或曰長書或曰脩書臣
向以爲戰國時游士輔所用之國爲之筴謀宜爲戰
國策其事繼春秋以後訖楚漢之起二百四十五年
間之事皆定以殺青書可繕寫叙曰集曰下有夫字周室自

図 11　士礼居叢書本『戦国策』

布に清書されたものが「巻」であるとされる）。たとえば、『戦国策』は「『戦国策』二十三篇」と整理された。一篇のなかには、「章」と呼ばれる下位の単位が存在する場合もある。姚本『戦国策』の場合、「章」と明示はされていないが、行が替えてあるものが章の分節に相当する。秋山氏は複数の章がまとまりをなして、特徴的な語彙や表記、内容をそなえていることに着目し、「群《ぐん》」「群塊《ぐんかい》」という術語で章の集まりを呼び、分析を試みている。

『戦国策』について、劉向は、様々な来源を持つ複数の写本を編輯し直すことで新たな定本を作成した。秋山氏は、劉向以前に存在したはずのテクストを想定し、その復元にも挑んでいる。古いテクストを劉向らは如何に編輯したのか。この謎の解明に関心のある読者は、ぜひ同書をご覧いただきたい。

第四節　序録に見える「中書」

すでに紹介した『荀子』の序録の冒頭には、「わたくしどもが校讐いたしました中の孫卿の書は、あわせて三百二十二篇、互いに比較し、重複した二百九十篇を削除し、三十二篇に書き定めました」（訓読すれば、「校讐する所の中『孫卿』書は、凡そ三百二十二篇、以て相い校べ、復重の二百九十篇を除き、三十二篇に定著す」）とあり、また「戦国策書録」にも「校する所の中『戦国策』書」などとあった。

ここに見える「中孫卿書」の「中」とは何か。宮中の秘府に蔵する本を指して「中」というのだと説明される。「中秘書」とか「秘書」などとも表記されている。序録逸文のうち、資料をいくつか訓読で列挙しよう。

・「臣向の校讐する所の中『易伝古五子書』は、復重を除き、十八篇に定著す」。（『易伝古五子』）
・「臣向、中古文を以て欧陽、大、小夏侯三家の経文を校す」云々。（『尚書欧陽経』）
・「校讐する所の中『管子』書、三百八十九篇」、「凡そ中外書、五百六十四篇」。（『管子』）
・「校する所の中書『列子』五篇、臣向、謹んで長社尉の臣参と校讐す」、「中書多く、外書少なし」、「校讐は中書に従う」。（『列子』）
・「今民間に有る所は上下二篇、中書は六篇」。（『申子』）
・「中『鄧析』書四篇、臣歆書一篇、凡そ中外書五篇」。（『鄧析』）

・「秘書を校す、太常属臣の望、校する所の『山海経』は凡そ三十二篇」。（『山海経』）

様々に表現されているが、「中」書の資料はこのように少なくない。前章にて、『七略』の佚文に「外に太常・太史・博士の蔵有り、内に延閣・広内・秘室の府有り」とあると言ったが、「中」は「内」と同義であろう。しかし、「延閣・広内・秘室」というのは、資料的に裏づけがたい。むしろ、前漢の禁中の蔵書機関として知られるのは、班固が「天禄・石渠は、典籍の府」と詠んだように（『文選』巻一、「両都賦」）、石渠閣と天禄閣の二つである。「中書」「秘書」などと呼ばれたのは、この石渠閣・天禄閣の蔵書であろうと一応、考えておきたい。

第五節　校書はどこで行われたのか

石渠閣・天禄閣は、長安城のなかの未央宮《びおうきゅう》の敷地内の、「禁中」（「省中《しょうちゅう》」とも呼んだ）と呼ばれる皇帝が暮らすプライベートな区画の中にあった。未央宮自体が禁中であると漠然と考える人もあるようだが、青木俊介氏の研究により、未央宮全体が禁中というわけでないことが明らかにされている。

未央宮の南寄りの場所に「未央宮前殿」と呼ばれる建築があったが、ここには臣下たちが出入りしており、その警戒レベルは禁中よりも低い。一方、前殿よりも北に位置した石渠閣・天禄閣は、皇帝と近侍の人のみが立ち入ることのできる特殊な空間「禁中」に存在したのである。そして、劉向らが言った

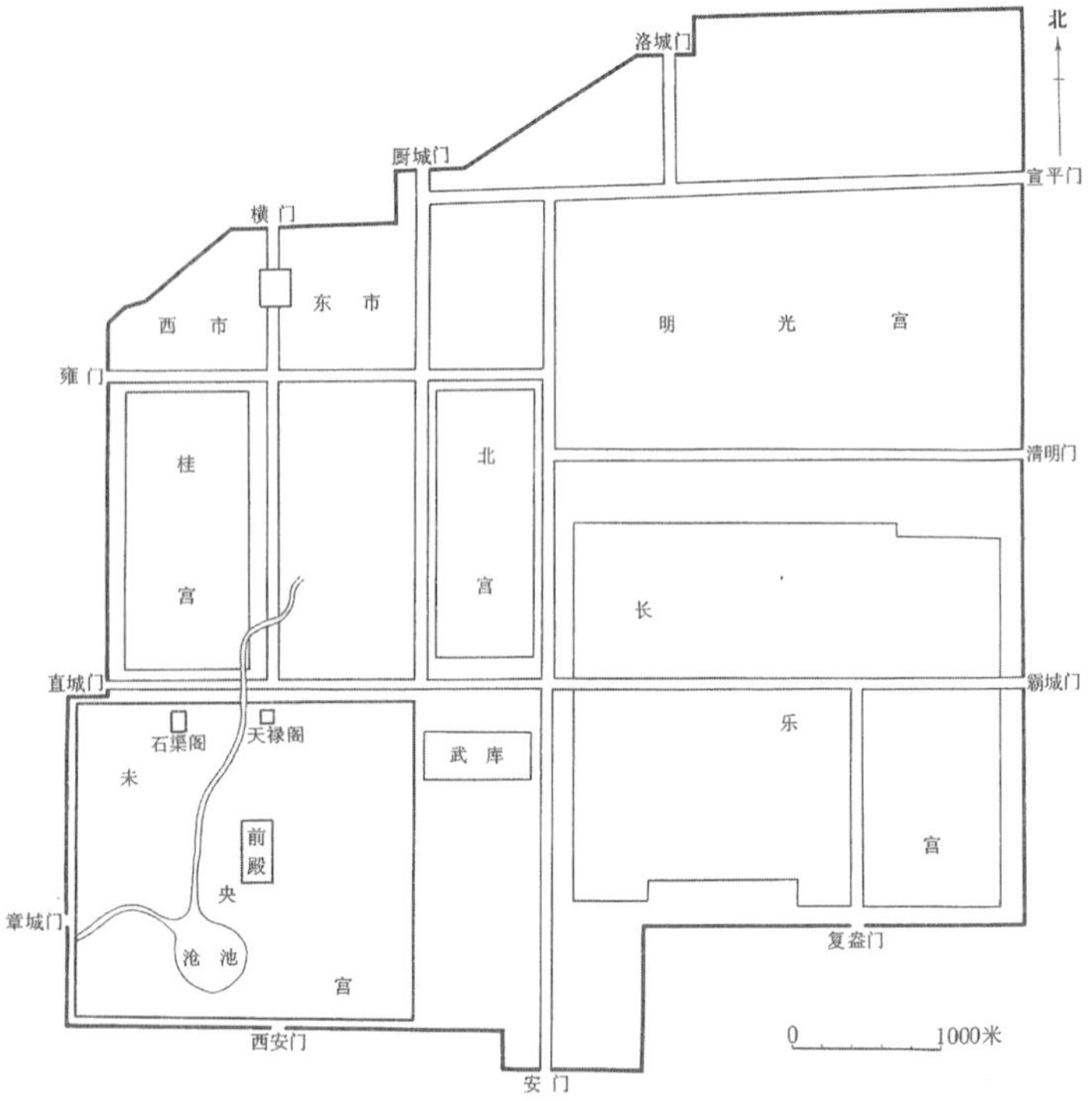

図12　前漢の長安城の見取り図

「中書」「外書」の区別は、「禁中・禁外の別」であったと青木氏がいうのは（「漢長安城未央宮の禁中」、四九頁）、妥当であると思われる。

長安の漢未央宮は、一九八〇年代に発掘調査されており、一九九六年にその報告書が出版されている。それによると、未央宮の大きさは東西が二二五〇メートル、南北が二一五〇メートルという巨大なもので、中央付近に前殿があり、北の牆壁《しょうへき》近くに石渠閣・天禄閣が位置している。

天禄閣については、陳直『漢書新証』によると、以前、当該遺址の近くから鹿の模様の瓦が出土したとのことだが（「鹿」は天禄の「禄」と同音）、八〇年代の発掘では見つからなかったようである。報告書によると、十メートルほどの土台が版築《はんちく》（土を搗《つ》き固めて作られた基礎）で築かれており、もともとこの版築は東西五十五メートル、南北四十五メートルほどもあったらしい。今ではそこに劉向祠《りゅうきょうし》と呼ばれる祠《ほこら》が建てられており、西安市未央区天禄閣小学校の敷地内とのことである。

図13　天禄閣（上）・石渠閣（下）の現状

　また石渠閣の遺址も存在しており、そこからは「石渠千秋」の文字が押された瓦が出土したことがあるという。天禄閣・石渠閣は未央宮の北壁から六十メートル南の場所に位置し、東西に併置され、その距離は七三〇メートルであった。

　さて、石渠閣・天禄閣の蔵書である「中書」「秘書」は、どこで整理されたのであろうか。それはもともと「温室」（温室殿とも）と呼ばれる建築においてであったと考えられる。梁の阮孝緒『七録』は、劉向らの校書を伝えるよい資料であるが、その一文に次のように言う。

会《たま》たま向《きょう》亡喪し、帝、歆をして其の前業を嗣がしむ。乃ち温室中の書を天禄閣上に徙《うつ》す。

『漢書』芸文志大序の文と似ているが、こちらの方がやや詳しい（『隋書』経籍志にも同様の記載がある）。これによれば、劉向在世中は、温室において校書していたが、その死後、天禄閣で校書の仕事がなされるようになったものと理解できよう。

温室も禁中に属する。『三輔黄図』巻三「未央宮」の項に次のようにある。

宣室・温室・清涼は、皆な未央宮殿の北に在り。……温室殿は、武帝建つ。冬、之に処《お》るに温暖なり。『西京雑記』に曰く、温室は椒を以て壁に塗り、之を文繡にて被い、香桂を柱と為し、火斉（火を使った暖房設備）、屏風を設く。鴻羽の帳《とばり》にて、地を規《くぎ》るに罽賓《けいひん》の氍毹《せんゆ》を以てす。

何とも贅を尽くした施設である。そして、温室を禁外から隔てる門こそ金馬門であり、若き日の劉歆や王莽が「待詔金馬門」となって勤務したところである。

温室については、昭帝の次の皇帝になり損ねた劉賀にまつわる面白い逸話がある（二〇一六年、江西省南昌で劉賀の墓が発見され、脚光を浴びている）。霍光の推輓によって昭帝の後継者に選ばれて宮中に連れてこられた劉賀であったが、即位の前提として上官皇太后に謁見する前に、あろうことか近従の者どもを禁中に引き入れ、「独夜、九賓《きゅうひん》（九嬪、後宮の女性）を温室に設《もう》く」と、『漢書』霍光伝に伝えるのである（青木氏論文、四九頁に引く）。劉向も、このようないわくのある場所で校書をしたわけである。

前述のように、劉向の死後、校書の場所が天禄閣に移されたらしい。新の時代になってからのことではあるが、揚雄はここで校書をしている時に、投身事件を起こした。天禄閣と石渠閣は近くにあった禁中の建物なので、あわせて『三輔黄図』巻六「閣」の記事を見てみたい。

石渠閣は、蕭何《しょうか》造《つく》る。其の下に石を礱《みが》きて渠（水路）と為し以て水を導き、今も御溝の若《ごと》く、因りて閣の名と為す。蔵する所は関に入りて得る所の秦の図籍なり。成帝に至り、又た此に於て秘書を蔵す。……。

天禄閣は、典籍を蔵するの所なり。

『三輔黄図』はこの天禄閣の記事に続けて、ある奇妙な話を載せている。すなわち成帝の末頃のこと、劉向が天禄閣で校書して集中していると、夜中に不思議な老人が現れ、閣の扉を叩いて入ってきて、暗い中で一人座って書物を読み上げている劉向に向かって『五行洪範』の文を伝授した。劉向は内容を忘

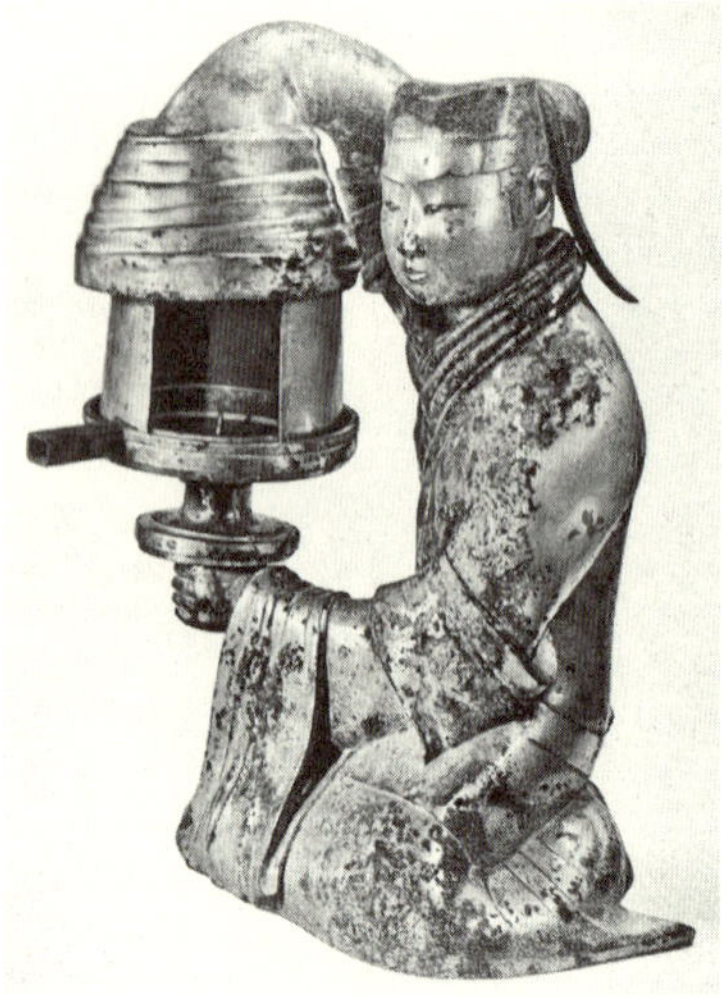

図 14 前漢の宮殿から出土した、侍女の形をした燭台

れまいと着用していた裳や紳の布を引き裂いてメモした。老人が朝になって去ろうとしたので名を問うと、「我は是れ太乙《たいいつ》の精なり。天帝、卯金《ぼうきん》の子（劉氏の子孫）に博学なる者有りと聞き、下りて焉《これ》を観んとす」、と答えた。そこで老人が懐中の竹牒を取り出したところ、それは「天文地図の書」で、「余は略《ほ》ぼ子《し》に焉を授く」と言った、云々、と。

明らかに伝奇の類であり、前漢時代の史実を伝えるものではあり得ない。劉向が洪範五行に詳しく（一一六～一一七頁を参照）、禁中で校書をしていたことをモチーフにした説話であろう。

『三輔黄図』という書物の信憑性に話題を転じると、こういう記事もあるので同書のすべてを信じる気にはなれない。石渠閣に秦の古書を収めたという記述も、にわかには従いがたいという理由は、そのあたりにもある。

ともあれ、劉向らの校書が厳密に守られた禁中で行われたという外的な条件は、あまり指摘されることがないので、ここに言及した。

こういった条件のもとで整理された書物は、最終的には『七略』という目録にまとめられた。『七略』

の内容も、基本的に皇帝に対して上奏されたものである。本章で紹介した序録の内容も皇帝に向けたものであるが、各略につけられた「序」も同じである。次章では、そういった各略の「序」を読むこととしたい。

コラム

天禄閣から飛び降りた楊雄

　王莽が新を建国してしばらくした始建国二年（一〇）のある日、天禄閣で校書していた楊雄は、自身が叛逆のかどで捕らえられそうだと知り、とっさに高閣から身を投げたのだが、後世はいざ知らず、高層建築の乏しかった当時にあって、飛び降りはかなりの珍事であったに違いない。

　楊雄はなぜ飛び降りたのか。自殺しようとしたのか、それとも逃げようとしたのか。多くの研究者は自殺未遂とみなしているようだが、はっきりとしない。ともかく飛び降りた結果、「幾《ほと》ど死せんとす」というのであるから、命に関わる怪我をした。楊雄は時に六十四歳、若くはない年のせいか。

　天禄閣が何層建てであったのか、残念ながら史書に記録がない。もちろん楊雄が何階で校書していたのかも分からないが、三階以上にいたのではないか。二階から落ちても、命に関わる事態にはならない。ともかく警備がきわめて厳しい禁中の蔵書閣である。どこにも逃げ場のない高層の天禄閣に閉じ込められた楊雄は、気の毒である。

　この事件はさっそく長安の都でゴシップになったらしく、人々は「惟《こ》れ寂寞として、自ら閣より投ず。爰《ここ》に清静として、符命を作《な》す」と囁いた、と『漢書』は伝える。

　人々が言い立てたこのフレーズは、意地の悪いパロディであった。すなわち、楊雄がその有名な作品「解嘲《かいちょう》」（『文選』巻四十五、所収）の中で、「爰に清たり爰に静たり、神を游《あそ》ばすの庭。惟れ寂たり惟れ寞たり、徳を守るの宅」と書いていたのを逆手にとってからかったのである。「寂寞」「清静」などと道家を気取っていた楊雄が、あわてふためいて投身した一件が、よほどおかしかったのであろう。

　同時代人の笑い者にされただけでなく、南朝宋の大詩人、謝霊運《しゃれいうん》（三八五〜四三三）にまで「既に笑う沮溺《けつでき》の苦、又た哂《わら》う子雲の閣」（「斎中読書」詩、『文選』巻三十、所収）と詠まれてしまった。子雲《しうん》は、楊雄の字《あざな》。何百年経ってもその飛び降りが笑われるとは、これまた気の毒なことである。

第七章　『七略』の六分類

第一節　なぜ「七」略なのに「六」分類なのか

『漢書』芸文志の「大序」には、劉歆が「群書を総べて其の『七略』を奏」し、「故に輯略《しゅうりゃく》有り、六芸略《りくげいりゃく》有り、諸子略有り、詩賦略《しふりゃく》有り、兵書略有り、数術略有り、方技略有り」とあることをすでに紹介した（四八頁を参照）。

輯略・六芸略・諸子略・詩賦略・兵書略・数術略・方技略。数えてみると、七つの「略」がある。私は仕事がら、図書館職員の方々に目録学の講義をする機会が多いのだが、『七略』では、書物全体を六つに分類しました」と説明すると、聴講者は必ず不審の表情を浮かべる。なぜ『七略』なのに七分類ではないのか、というわけで、まことにもっともなことである。

六分類というのは、六芸略・諸子略・詩賦略・兵書略・数術略・方技略である。前漢末、長安の宮中にあった蔵書楼、「秘府」に蔵されていたあらゆる書物が、この六つの「略」のいずれかに分類された。では、輯略とは何か。実はこの「略」のみ、分類ではなく、解説文をまとめたセクションであったと考えられている。それゆえ、この輯略を除外した、六芸略から方技略までの「略」が、分類に相当するのである。

なお、『漢書』芸文志の「大序」についてはすでに詳しく見たが、実はそれを含めて三つのタイプの「序」が、漢志には存在している。ここで漢志の「序」の種類を整理しておこう。

（一）大序。これは、漢志の冒頭にあるもので、孔子の没後から説きおこし、劉向・劉歆の図書整理までを概観した一文である。

(二) 「略」ごとの序。六芸略・諸子略・詩賦略・兵書略・数術略・方技略という、六種の「略」について述べられた六つの解説的な文章である。それぞれ各略の末尾に綴られている。

(三) 「家」ごとの序。「家」とは、それぞれの「略」の下位に置かれた分類であるが、これら「家」にも各々解説的な文章がつけられている。たとえば六芸略の場合、易家・書家・詩家・礼家・楽家・春秋家・論語家・孝経家・小学家という、九つの「家」が設けられているが、それぞれの「家」ごとに序がつけられている。なお、詩賦略については、五家が設けられているのに、「家」ごとの序が存在しておらず、その不在はやや謎めいた現象である（これについては、一八一～一八二頁を参照）。

六芸略以下の「略」の概要を知りたい場合、「略」ごとの序を見るのが近道である。以下、それを手がかりとして、一つ一つの「略」について見てみよう。なお、この六分類については、金谷治氏が「初めの輯略はともかく、あとの六つの分類は、劉歆の父、劉向のとき既に定まった。すなわち、宮中の図書を整理することが劉向らに勅命されたが、その分担がきめられるについて、既にこの図書の分類がおよそ定まったわけである」（「『漢書』芸文志の意味」、八三頁）というのが正しいようだ。つまりこの分類は劉歆が独自に作り上げたものではなく、劉向の時代にはすでに決定されていたことと見た方がよい。金谷氏はさらに、「だから、芸文志にみられる六つの分類は、もともと自由な思索に本づいたものではなくて、書籍を整理するうえでの現実的な便利のためにうながされたものだともいえる」（同稿、八三頁）

と言う。確かに一理あるが、この面をあまり大きく見積もって、彼らの校書が単に事務的な作業に過ぎなかったとみなすのは正しくないと思うものの、一方で、図書整理の実務的な側面があったことも頭の片隅には留めておくべきことであろう。

第二節　『七略』の六分類

（a）六芸略

六芸略は、『七略』の六分類のうち、最も根幹的なものである儒教経典を収録する部門であり、『七略』において最も重んじられ、それゆえに六分類の冒頭に置かれた。漢志、六芸略の序には次のようにいう（これら各略の序は劉歆『七略』そのものの引用と考えられる。『七略』は皇帝に当てて書かれたものなので、敬体を用いて日本語訳する）。

六芸（易《えき》・書・詩・礼・楽《がく》・春秋）の文章は、それぞれ、楽は心を和らげるもので「仁」のあらわれ、詩は言葉遣いを正すもので「義」のあらわれ、礼は「礼」のあらわれとして明白だからそれ以上説明しようがなく、書は見聞を広めるもので「知」の方法、春秋は判断を下すもので「信」の証拠、ということが言えます。この五つの学問は、五常――すなわち仁・義・礼・知・信の徳――の道であり、それぞれが助け合って完全になりますが、さらにそれら五つを根拠づけるものとして易があります。『易』繫辞伝に「易のはたらきが観察できなくなれば、（それは世界が機能しなくなったということで）乾坤の動きも止まってしまうことになろう」とございましょう。つまり易は天地とはたらきをともにするものなのです。一方、それ以外の五つの学については、時代ごとの変化にともない、ちょうど五行（木・火・土・金・水）が、それぞれ役割を交替させながらはたらくようなものでございます。

六芸が、五行説に基づいて説明されているのが特徴的である。すなわち、楽が「仁」の徳を、詩が「義」の徳を、礼が「礼」の徳を、書が「知」の徳を、春秋が「信」の徳をそれぞれ体現しており、さらに易がそれら仁・義・礼・知・信の五常を基礎づけるという六芸観がここにはうかがわれる。『七略』がなぜ六芸のうちでも易を筆頭に置くのか、その説明が明確になされているわけである。その後の二千年の歴史を通じ、ほとんどすべての漢籍目録においては六芸（儒家経典）が分類の第一に置かれ、さらにそのなかでも易が先頭に配置された。これは、劉向・劉歆らの思想を直截的に反映したものである。

六芸略の序は、さらに次のように言葉を継ぐ。

古の学習者は、田を耕したり親の世話をしたりしながら勉強し、三年かけて一芸（一つの学）に通じ、その学の大本を身につけ、経文を玩味するにとどめたので、時間をあまりかけずに多くの徳を体得することができ、（十五歳で学に志したとして、）三十歳で五経の学習が完成しました。

この一段は理想の古代の描写である。『七略』の序には古代を理想化する傾向があり、後世の品下った様子と比較して、「古の学者」の着実さを語る。次に説かれるのは、もちろん、「後世」、つまり漢の今につながる学者たちの有り様である。

後世になると、経典も注釈もバラバラになってしまい、博学の者も「たくさん学んで疑わしいことは保留する」という孔子の教えに思いをいたさず、教えを切り刻んで相手の論難をかわそうとし、口先ばかりの議論で、儒教の全体を破壊してしまい、わずか五文字の経文を解釈するのに二万語、三万語を費やすありさまでございます。後進の青年たちもますます競争にあけくれて、結局、幼少のころから一芸を守ってがんばっても、白髪頭になってようやく意見を持つ程度で、自分の習ったことに安住して見知らぬことを攻撃し、見識を狭めてしまっております。これが六芸を学ぶ者の深刻な問題点です。六芸は九種（九家）に分類して並べました。

「口先ばかりの議論で、儒教の全体を破壊する（便辞巧説し、形体を破壊す）」とは、何とも痛烈な一撃ではないか。これは目の前にある学問のあり方を批判したものと読める。そもそも六芸は、それ自体、万人にとって大いに尊重されるべきものではなかったのだろうか。しかしここでは、その学び方が問われ、「これが六芸を学ぶ者の深刻な問題点である」と言われている。『七略』作者の批判精神は、学問の核心たる六芸の学び、特にその現状に向けられた。これは非常に興味深い現象である。

ある学術の長所と短所とをあわせて述べることとは、『荀子』非十二子篇や『荘子』天下篇以来の伝統と言ってもよい（五四頁を参照）。おそらくはそれを受けて、司馬談「六家の要指」も陰陽・儒・墨・名・法の五家については、長所と短所をあわせ述べた。しかし、天下篇はみずから正しい教えと奉ずる老子に批判を加えないし、司馬談もまた道徳家の短所を説かない。それゆえ六芸の学びを俎上に載せるこの序は、中国学術史上において特別なものであると言えるのである。

六芸略の下位分類として設けられた九家というのは、(一)易《えき》、(二)書、(三)詩、(四)礼、(五)楽《がく》、(六)春秋、(七)論語、(八)孝経、(九)小学、の九つ。後世の四部分類において、六芸略の枠は経部《けいぶ》と呼ばれるようになったが、下位分類にいたるまで大きな変更を被っていない。その意味で、『七略』の影響力は甚大であった。

(b) 諸子略

六分類の第二は諸子略である。その核心に位置するのは、春秋戦国の時代に活躍し、諸国を遊説しておのおのの思想を広めた、いわゆる「諸子百家」の言説を書物化したものである。

諸子略の十家（儒家・道家・陰陽家・法家・名家・墨家・従横家・雑家・農家、そして小説家）のうち、見るべきものは小説家を除いた九家のみです。いずれの諸子も、周の王道が衰えて、諸侯たちが力を競いあう頃に立ち上がったもので、当時の君主たちもそれぞれ好みが違っていたため、それに応じて様々な考えを持つ九家の学術が紛然と沸き起こり、それぞれ大道の一端を引き出して、みずから得意とする部分を強調して説を駆け巡らせ、諸侯に用いられようと努めました。それぞれの学が説く内容は、火と水ほど相容れないものですが、五行説でいわれる相克《そうこく》(「水が火に勝つ」の類)・相生《そうしょう》(「木が火を生む」の類)のように互いに関わり合います。

『七略』は、諸子百家が鬱然と登場した理由を周の「王道」の衰えに帰している。しかし、それぞれの教えは、まるで違うようでありながら、五行のそれぞれが互いに関わり合うように全体として組織をなしている、という学術観である。

『易』(繫辞下伝)に「天下が帰着するところは同じなのだが、そこにいたる道は多様である。結局は一致するのだが、それまでには百の考え方がある」といいます。さて、諸子はそれぞれ立場を違えていてみずからの長所をおしひろめ、思慮を究め、それぞれの学の趣旨を明らかにしており、短所はあるものの、それぞれの根本を合わせれば、やはり六経(六芸)の支流、子孫と評価できます。もし聡明なる聖君に出会うことができ、その聖君が諸子の長所を折衷したものを身につけたならば、君主を助ける頼もしい力となりましょう。……六芸の学術を修めたうえで、さらにこの九家の学説を読んで、短所は捨てて長所を選び取ることができれば、それでこそあらゆる対象に対応する方策に通ずることができましょう。

この部分は、諸子の教えを活用するようにという、天子への助言にほかならない。特に最後の一文は、六芸の修得を前提としながら、諸子九流の学を治世に活用するという政治思想が込められており、決して単に書物を整理して利用しやすくするという便利のためだけの校書ではないことが分かる。まさしく、六芸の羽翼たる諸子、というおもむきである。

なお、諸子略の下位分類は十種で、（一）儒家、（二）道家、（三）陰陽家、（四）法家、（五）名家、（六）墨家、（七）従（縦）横家、（八）雑家、（九）農家、（十）小説家であるが、それらすべてが、古代の官職との関係において述べられているのが『七略』の大きな特徴である。

（一）　儒家「蓋し司徒の官より出で、人君、陰陽に順《したが》い、教化を明らかにするを助くる者なり」。

（二）　道家「蓋し史官より出で、成敗存亡、禍福古今の道を歴記し、然る後に要を秉《と》り本を執るを知り、清虚にして以て自ら守り、卑弱にして以て自ら持し、此れ人に君たるもの南面の術なり」。

（三）　陰陽家「蓋し羲和の官より出で、昊天に敬い順い、日月星辰を歴象し、敬しんで民に時を授く、此れ其の長ずる所なり」。

（四）　法家「蓋し理官より出で、信賞必罰、以て礼制を輔く」。

（五）　名家「蓋し礼官より出づ」。

（六）　墨家「蓋し清廟の守より出づ」。

（七）従横家「蓋し行人の官より出づ」。
（八）雑家「蓋し議官より出づ」。
（九）農家「蓋し農稷の官より出づ」。
（十）小説家「蓋し稗官より出づ」。

「九流は王官より出づるの説」などと呼ばれ、のちに清の章学誠が大いに発揮したものであるが、こういった『七略』の考え方について、倉石武四郎は「この配当にはかなり信用しがたい点」がある、としつつも、『七略』著者のつもりとしては、「実は同じ周王朝の官職から出た以上、それは互に違った面を担任しつつ、また助け合って行こうというもの」（『目録学』、二七頁）であったと説明している。

この序文に「周の王道が衰えて、諸侯たちが力を競いあう頃に立ち上がったもの」というように、大体においては春秋戦国期の諸子が念頭に置かれているが、しかし『漢書』芸文志、諸子略に並べられた諸書の題目を見ると、たとえば儒家には「『賈誼』五十八篇」、「『董仲舒』百二十三篇」などが見えており、実は漢代のものが少なくない。

六芸略と諸子略儒家とが、何故に二つあるのか、という問いがあるが、これに関しては、先秦時代の儒者を「諸子」と「縉紳先生」とに二分した関口順氏の議論が参考になる（『儒学のかたち』、八〜一一頁）。すなわち、孟子や荀子のように各地を遊説した「諸子」の儒と、孔孟の生地である鄒・魯に居住し、詩書礼楽を講習していた「縉紳先生」の儒と、二種類の儒者が戦国時代にいた、という議論である。

関口氏のこの分け方を応用するならば、『七略』の六芸略の方には、戦国の「縉紳先生」の学が対応し、それは孔子の時代から綿々と受け継がれてきた六芸の学であり、一方、諸子略儒家には、「諸子」の儒の学が対応する、と一応、考えられよう。

また、劉向・劉歆らの時点からすると、『荀子』や『孟子』の書物なり学説なりを、自分自身の学として受け継ぐ人はすでになかったことだろう。これは賈誼や董仲舒の書物についても同様で、もし彼らの教えを学ぼうとするなら、伝承者がいない以上、直接その書物を読むしか方法がない。一方、六芸の方は、現に伝承している学者たちがいる。このような観点からも区別をつけることができよう。

（c）詩賦略

六分類の第三は詩賦略である。その序に、詩や賦の意義を説いて次のようにいう。

ある書物に「歌わずに朗誦することを賦といって、高いところに登った時に賦することができる人物は大夫《たいふ》たりうる」とあります。物に感じて言葉の端緒を見出し、その才知が深く立派なものであれば、ともに大事業を計画することができるので、列大夫たり得るというのです。古のこと、諸侯の卿大夫たちが隣国と外交する際、かすかな言葉遣いで思いを伝え、対面して挨拶するときにはかならず詩（『詩経』に収められた詩）をとなえて自分の志を表現したものですが、これは賢愚の違いをはっきりとさせ、威儀のよしあしを観察しようということでしょう。さればこそ、孔子は「『詩』

を学んでなければ、発言することはできない」(『論語』季氏篇の語)と言われたのです。

ここには、春秋時代以前における詩賦の意義が、『詩』(『詩経』)との関連において述べられる。もちろん、『七略』(ならびに漢志)にあって、『詩』とその注釈を載せる六芸略の詩家と、この詩賦略との関係が考えられねばならないが、それは後述することとして、漢志の先を読んでみよう。

春秋よりも後の時代になると、周の王道が次第にすたれて、諸国が使者を交わして詩を朗詠することが行われなくなり、『詩』を学ぶ士は民間に隠れてしまい、賢人が志を得ずに苦しんで作る、賦の文学が現れました。大儒である荀子や、楚の臣下であった屈原は、讒言に遭って追いやられて国の行く末を憂え、二人とも賦を作って諷諭しましたが、どちらにも古の詩と心を同じくする義がこめられておりました。その後、宋玉《そうぎょく》・唐勒《とうろく》が登場し、漢が興ると枚乗《ばいじょう》・司馬相如《しばしょうじょ》、そしてさらには揚雄が現れましたが、美しく大げさな文辞を作ろうと競うばかりで、諷諭の義が忘れられてしまいました。……また武帝が楽府《がふ》(音楽を管轄する官)を立てて(『漢書』礼楽志に見える)、各地の歌謡を蒐集するようになり、そこで代や趙の歌、秦や楚の音楽などが備わり、それらはいずれも感情に触れて、物事に感じて発せられたもので、各地の風俗を観察し、民生の良し悪しを知ることができるものでありました。以上の詩賦については、五種(屈原賦・陸賈賦・孫卿賦・雑賦・歌詩)に分けます。

このように、戦国時代における詩の文化の頽廃と、詩が民間に流出して賦として再生したこと、そして漢代における詩賦や楽府が行われたことが述べられている。

引用文にある通り、詩賦略は屈原賦・陸賈賦・孫卿賦・雑賦・歌詩の五種（五家）に下位分類されている。しかしながら、漢志の他の略の家（つまり、略の下位分類）にはそれぞれ小序があるのに、詩賦略の五家にはそれがない。なぜ詩賦略にのみ小序がないのか、これは目録学史上のひとつの疑点であり、章学誠も「知らず、劉・班の遺す（遺漏した）所か、抑《はた》流伝の脱簡か」（『校讐通義』巻三、漢志詩賦十五）といぶかしんでいる。特に、屈原賦・陸賈賦・孫卿賦の区分の意味は不明瞭で、これについて章学誠は「当日、必ず其の義例有らん」と言って、当時はきっと意味があって分けられたはずだと考えている。

詩賦略の小序はもともとあったのか否か。内山直樹氏はこの点について、「小序の佚文らしきものも見当たらない点よりすれば、……当初から小序はなかったと考える方がよいように思われる。これは偶然の遺漏とは考えがたく、故意の省略であろう」と言い、また「詩賦略中の各類が他の五略中の各類とは同格でなく、より下位の単位に相当することを意味しよう」（「『七略』の体系性をめぐる一考察」二七〜二八頁）と言っている。

内山氏は、「詩賦略の序は詩家（引用者注、六芸略詩家のこと）小序の追記」ともいうべきものであり、六芸略詩家から詩賦略が直接的に派生した、と考える（同稿、三〇頁）。理念としては、詩賦略に収める諸作品は、『詩』の精神から派生した、という考え方であるが、この説は支持できる。各略各家の序は、おおむね、王官や政治との関わりにおいて説かれているが、詩賦略の五家については、それはすでに六芸略詩家の序に尽きているので、それ以上、書きようがないということなのであろう。また、屈原賦・陸賈賦・孫卿賦の区分については、特によい案も提出されておらず、意味を問う必要はないように思われる。

ところで、嘉瀬達男氏の論考「『漢書』芸文志・詩賦略と前漢の辞賦」は、漢志詩賦略を周到に考察した労作であるが、そこに興味深い指摘がある。有名な漢代の賦作者である枚乗の息子である枚皋《ばいこう》は、「漢志・詩賦略に百二十篇が著録された、前漢で最も多作な作家であるが、一篇としてその作は伝わらない、というのである。なぜ伝わらないのか。「枚皋は武帝の求めに応じてたちまちのうちに作品を創り出し、献上した。そして、作品は宮中の書庫に保管され、詩賦略に著録された。しかし、梁の阮孝緒『七録』や隋志に著録されることさえなく、全て散佚した。つまり漢の宮中に保管されたまま、世に広く伝わることなく失われたのである。宮中に死蔵され、再読や鑑賞はされなかったのであるが、それでも皇帝の要求には十分応えていた」、と（同稿、五〇頁）。

この事実は、劉向らが校書の対象とした前漢の禁中の蔵書の性質を考える上で、大きなヒントを与えてくれる。この蔵書は、当時の社会の実情を反映したというよりも、当時の皇室の需要を反映したものであって、言い換えれば、当時の社会と皇室には乖離があったと言えよう。皇帝にとっては重要な書物であっても、それが「中書」として秘匿されたという特殊な状況の下では、枚皋の作った膨大な作品は、社会に何らの作用も及ぼさなかった。それは皇室に献上された漢代の作品が多くを占める詩賦略の問題ではあるが、他の五略についても類似の問題があった可能性は十分にある。つまり、社会的に重要な書物ではあっても、様々な理由で「中書」とはならなかったものが多いはずで、また反対に、社会的にはそれほど重視されなくても、「中書」となった書物も多く、『七略』（ならびに『漢書』芸文志）に収められた書物は、必ずしも前漢末期の中国にあった群書の有り様をそのまま反映したものとは言えない、ということである。

また、嘉瀬氏の論文では雑賦という分類に注目し、その中の『雑行出及頌徳賦』二十四篇以下の八篇につき、それらが覆う範囲が「行出、頌徳、四夷、兵、中賢失意、思慕、悲哀、死、鼓琴、剣戯、山陵、水泡、雲気、雨旱、禽獣、六畜、昆虫、器械、草木」と、「朝廷の行事から、人間の営為、山河、気象、動植物へと並べられており」、広範にわたることを指摘し（同稿、五五頁）、さらにこれを『文選』の賦の分類と比べもしている。

詩賦略は、劉歆においては『詩』からの派生という位置を与えられたとはいえ、さらには、後世、その九割ほどが失われてしまったとはいえ、その内容はかなり豊富らしかったことも、このような例から知られるのだ。

(d) 兵書略

六分類の第四は兵書略である。兵書は、春秋戦国時代に大いに発達した兵学を基礎として著述された様々な書物であり、内戦も少なくなく、かつ匈奴の脅威にさらされていた前漢時代においても過去の遺物というわけではなかった。兵書略の序にいう。

兵家は、おそらく古の司馬の職に由来し、王の官職のうち軍備に当たるものです。『尚書』洪範篇に「八政」（八種の施政）がありますが、その八番目が「師」、すなわち軍備です。国政に当たる者が、「食料を足りさせて軍備も足りさせれば、民は政治を信じる」（『論語』顔淵篇の語）と、また、「民に戦を教えないのは、民を見捨てることだ」（『論語』子路篇の語）と、孔子も言われている通りです。……殷の湯王、周の武王が天命を受けた時、軍隊によって乱を鎮め民衆を救済し、仁義に従って動き、礼節によって行軍したのですが、『司馬法』はそれを伝える書物でございます。春秋時代から戦国時代頃になると、奇襲や伏兵など、敵を騙すような作戦が一斉に生まれました。

諸子略に見えた九流と同じように、兵書も「古の司馬の職に由来」することがまず明言されている。その上で軍事の重要性が説かれ、殷の湯王、周の武王という聖人を例に引き、「仁義に従って動き、礼節によって行軍した」といって、決して礼法に違わないことを強調している。その後、時代が下って春秋戦国時代ともなると、そのような正義の軍事が行われなくなり、敵を欺く卑怯な戦法がはびこることとなったと時代を批判する。その上で、序はさらに漢における兵書の整理を説く。

漢が興起すると、張良と韓信が兵法書を序次（整理）し、あわせて百八十二家でありましたが、そこからさらに重要なものを選び取り、三十五家に定め著しました。ところが呂氏の一族がそれを盗み取って悪用したのです。（その後、）武帝の時、軍政の官にあった楊僕《ようぼく》が、残された断片を拾い集めて、『兵録』としてまとめて奏上しましたが、それでも不全でした。成帝の時、任宏に命じて兵書を検討して整理させ、四種〈権謀家〈兵謀家ともいう〉・形勢家・陰陽家・技巧家〉としました。

これは兵書に限ったものとはいえ、漢初における書物整理に関する重要な証言である。「百八十二家」「三十五家」などと具体的な数字が挙げられているので、確かな根拠のあるものであろう。これによって、兵書の整理について、(一)高祖期の張良・韓信、(二)武帝期の楊僕、(三)成帝期の任宏、そして(四)哀帝期の劉歆といった段階があったことが分かるが、その実態は未詳である。

序文とは関わらないが、兵書略については面白い現象がある。『七略』において、複数の書物が、諸子略と兵書略権謀家とに重複記載されていた形跡があるのだ。たとえば『孫卿子』(『荀子』)は、諸子略儒家にも兵書略権謀家にも掲載されていたらしい。第九章で見るように、これは同一の書物を内容に即して複数回著録する「互著」という手法であるというのが、章学誠の考えである(二二二頁を参照)。章学誠の説の当否はともかく、『七略』に変則的な著録があったことは間違いあるまい。民国時代の目録学者、王重民氏(一九〇三～一九七五)は、諸子略には完本(内容のすべて整った本)を録し、兵書略の方には兵書的な内容を含む抜粋本を録したものであろう、という(『校讐通義通解』、一七～二〇頁)。また内山直樹氏は兵書略のなかでも特に権謀家にこの例が集中することの理由を考え、「兵権謀家が他の三家(引用者注：形勢家・陰陽家・技巧家)のごとく特殊な軍事技術を扱うものではなく、総論的な部門にあるため、任宏は諸子の軍事思想の類をここにまとめたのであろう」と言っており(『七略』の体系性をめぐる一考察」、三九〜四〇頁）、傾聴に値する。

（e）数術略

六分類の第五が数術略である。川原秀城氏によれば、数術とは「広義の数《すう》にかんする学術であり、暦算と占術を主要な研究領域としたもの」である（『数と易の中国思想史』、一五頁）。なお数術略は、資料中に「術数略」とも表記される（本章のコラムを参照）。

（一口に数術といっても様々な術を含みますが、）数術は、いずれも古の（王者の堂である）明堂《めいどう》（にて暦を司った）羲和《ぎか》の官、史卜《しぼく》（暦算と占卜）の官職に由来します。しかし、その（暦算を司る）史官はその後ながらく廃れてしまい、書物も不全の状態であり、たとえ書物があってもそれを伝える人がおりませんでした。『易』繋辞下伝に、「（道を伝えるに）ふさわしい人物がいなければ、道がそれだけで行われることはない」といわれます。春秋時代には魯に梓慎《ししん》が、鄭に裨竈《ひそう》が、晋に卜偃《ぼくえん》が、宋に子韋《しい》が、それぞれその道の専門家としておりました。また戦国時代には楚に甘公《かんこう》が、魏には石申夫《せきしんほ》がおり、漢代には唐都《とうと》がおり、その道の大体のところを知っておりました。いったい物事は、手掛かりにするものがあれば成すことが容易で、それがなければ成すことは難しいものです。それゆえ、このたびは古い書に依拠して、数術を整理し、六種（天文家・暦譜家・五行家・蓍亀《しき》家・雑占家・形法家）といたしました。

数術略についても、これが「皆な明堂・羲和・史卜の職なり」と、古代の官職と結びつけられているが、さすがに天文占から甲骨占まで様々な方法があり、由来はひとつでないとみなしたらしい。

数術は、漢代の学術において重要な一角を占めていた。木村英一氏（一九〇六～一九八一）は「思想史的角度から見る限り、それの比重は殆ど経学と並ぶ程の重要性をもつ様に感ぜられる」とし（「術数学の概念とその地位」、八三頁）、『漢書』芸文志に即してその基礎的な整理を試みた。木村氏に倣って、数術略の六種を並べて、各家の小序を摘まんで短くコメントしておこう。

（一）天文家、「二十八宿《しゅう》を序し、五星日月を歩し、以て吉凶の象を紀し、聖王、参政する所以なり」。天体を観測して吉凶を占う。

（二）暦譜家、「四時の位を序し、分至の節を正し、日月五星の辰を会し、以て寒暑殺生の実を考う」。暦法を明らかにすることで王者が天命を知る。

（三）五行家、「五常の形気なり。……其の法は亦た五徳終始より起り、其の極を推せば則ち至らざる無し」。五行の運行を観察して人事を知る。

（四）蓍亀家、「聖人の用いる所なり。……『易』に曰く、「天下の吉凶を定め、天下の亹亹《びび》を成す者は、蓍亀よりも善きは莫し」、と」。蓍《めどぎ》や亀甲を用いて吉凶を占う。

（五）雑占家、「百事の象を紀し、善悪の徴を候《はか》る」。夢占いや雨乞いの祈祷など、雑多なものを含む。

（六）形法家、「大は九州の勢を挙げて以て城郭室舎の形を立て、人及び六畜の骨法の度数、器物の形容は、以て其の声気貴賤吉凶を求む」。様々なものの形や数を計測して占う。

『周易』繫辞上伝に「数をきわめて来を知る、之れを占と謂う」とあるように、この数術略のなかの学術と書物は、六芸略易家と密接な関わりがある。というより、劉歆からすれば、数術は『易』の支流であろう。また、特に五行家に明らかにうかがわれるように、五行説の濃厚な影響下にあり、ということは諸子略陰陽家（もともと陰陽説と五行説は出自が別であるが、漢志陰陽家には五行説も含む）とも密接な関わりがある（もちろん『易』と陰陽五行の間にも同様に密接な関わりがある）。

数術は、「三統暦」の作者でもある劉歆の得意としたところで、数術略の序文も彼自身の文章に違いない。この方面の研究は近年、長足の進歩を遂げており、特に川原秀城氏『中国の科学思想』の第四章「劉歆の三統哲学」、ならびに同氏の近著『数と易の中国思想』の一節「経学と術数学」は、「数術」に関する劉歆の考えを知るために重要である。また本「京大人文研東方学叢書」の一冊、武田時昌氏『術数学の思考――交叉する科学と占術』も漢代の術数学を論じたもので、あわせてお読みいただきたい。

なお近年、中国で漢代以前の文献が多く出土している状況に応じ、漢代の術数書もまた多く知られるようになってきた。大野裕司氏『戦国秦漢出土術数文献の基礎的研究』は、そういった術数書のすぐれた総括となっており、その第一部は「出土術数文献解題」で、第一の天文から第六の刑法まで、漢志数術略を襲う分類となっており、これに基づき網羅的に資料を把握することができることを付言したい。

（f）方技略

六分類の末尾、第六は方技略である。

〔方技にも様々な種類がありますが、〕方技というのは、いずれも「生き物を生かす」（『周易』繫辞上伝）ための方途であり、王者の官の一翼を担うものです。〔名の知られた名医として〕太古には岐伯《きはく》、兪拊《ゆふ》がおり、中世には扁鵲《へんじゃく》、秦和《しんか》がおりました。〔医学といっても体の病気を治すだけではなく、〕おそらく、病を論じながら国政の問題に及び、診察に基づいて政治を知るということでしょう。漢代には倉公《そうこう》が現れましたが、いまでは彼の術も十分には分からなくなってしまいました。それゆえ、〔方技の〕書物を検討して、方技を整理して四種〔医経《いけい》家・経方《けいほう》家・房中《ぼうちゅう》家・神僊《しんせん》家〕といたしました。

方技の技術の由来についても、具体的な官職名は挙げられていないものの、「王者の官の一翼を担う（「王官の一守」）」とされている。しかし面白いのは、それが単に普通の病気を治療するためだけでなく「政治を知る（「政を知る」）」ことが高い目標として設定されている点である。確かに皇帝に読書を勧めているわけであるから、皇帝自身が医学を学ぶ必要がない以上、そこで特に政治上の有用を訴えたのであろう。

方技略は以下の四種の下位分類からなる。

（一）医経家、「人の血脈、経絡《けいらく》、骨髄の陰陽表裏を原《たず》ね、以て百病の本、死生の分を起し、而して度・箴《しん》・石・湯・火の施す所を用いて、百薬斉和の宜しき所を調う」。
（二）経方家、「草石の寒温に本づき、疾病の浅深を量り、薬味の滋を仮りて、気感の宜しきに因り、五苦六辛を弁じ、水火の斉を致し、以て閉を通じ結を解き、之を平に反《かえ》す」。
（三）房中家、「性情の極、至道の際なり。是を以て聖王は外楽を制して以て内情を禁じ、而して之が節文を為す」。
（四）神僊家、「性命の真を保ち、而して其の外に游求する所以《ゆえん》の者なり」。

このうち、（一）医経家と（二）経方家は疑いなく医薬に関する書物であるが、他方、（三）房中家と（四）神僊（神仙）家は如何であろうか。現代人からすると、それらが医薬学と同じ「方技」に含まれるのは、やや違和感があるかも知れない。これは現代人ばかりでなく、すでに南朝の梁の時代においてもそうであったらしい。すなわち阮孝緒《げんこうしょ》『七録』では、「術技録」という分類を設けて（一）（二）の諸書を数術略と合併し、他方、（三）（四）については、「仙道録」という道教書を主とする分類に編入している。阮孝緒も（三）（四）が医学書ではないと判断したのであろう。

この問題に関して、台湾の学者、李建民《りけんみん》氏は、漢志のいう方技の内容は、いまいう「医学」にとどまらず、さまざまな技巧をもつ養生技術を含むという（『生命史学』、三二七頁）。参考にすべき見解である。

第三節 輯略について

以上、六芸略から方技略まで、六つの「略」の序文について、ごく一部省略はしたが、それでも『漢書』芸文志に載せる、「略」ごとの序文の内容を、ほぼすべて紹介した。

(一) 易を中心に据えつつ、書・詩・礼・楽・春秋の五つの学がそれをとりまくという六芸略。
(二) 「六経(六芸)の支流であり、子孫」であり、「六芸の学術を修めたうえで、さらにこの九家の学説を読んで、短所は捨てて長所を選び取ることができれば、それでこそあらゆる対象に対応する方策に通ずる」と評される諸子略。
(三) 古の『詩』の伝統にのっとりながら、荀子や屈原が「諷諭」の精神をこめて表現した作品など、多様な文学の成果を伝える詩賦略。
(四) 「古の司馬の職に由来」し、さらに春秋戦国時代に生み出された種々の兵法書を整理した兵書略。
(五) 暦算を司る官に由来し、春秋戦国の各国において発達した天文暦算の書を中心とする占卜の術を収める数術略。
(六) 各種の医書を整理分類した方技略。

以上の通り、漢志に載せる、「略」ごとの序文は、六分類それぞれの意義を解説したものであるが、これも「大序」同様、もともとは劉歆『七略』の文章であったのを、後に班固が『漢書』を編纂する際に転載したものであると考えられている。

そしてこれらの序文は、もともと劉歆が輯略と名づけた部門に一括して収められていたものと推測できるのである。清朝の頃までは、「輯略の内容はすでに失われており、その内容を知る手がかりはない」と考える学者が多かったが、近代以降の目録学者は、「大序」をはじめとする三種の序文こそ、『七略』輯略の内容そのものであったと考えている。

『七略』がいつの時代に失われたかというと、それは十世紀ごろ、唐末五代のことであったと言われ、その後、『七略』そのものを見たことのある人は知られていない。しかしながら、その書の最も重要な部分は『漢書』芸文志として再構成されているわけなので、漢志を通して『七略』の姿をうかがい知ることは十分に可能なことである。

ただ、『七略』には、個別の書物についての解題がつけられていたらしい。漢志の末尾には「大凡、書、六略、三十八種、五百九十六家、万三千二百六十九巻」と記されており、さらに「三家、五十篇を入る。兵の十家を省く」という班固の自注が加えられている。班固自注の「入」や「省」は、彼が『漢書』を編纂した際に『七略』の内容を変更したことを表している（「入」は班固が新たに加えたもので、「省」は班固が削除したもの）、と考えられており、鈴木由次郎氏（一九〇一～一九七六）によれば「三家とは劉向、揚雄、杜林の三家。五十篇とは書の劉向稽疑一篇、小学の揚雄杜林二家三篇、儒家の揚雄三十八篇、詩賦略の揚雄賦八篇をいう。省兵十家とは兵権謀九家、兵技巧一家を省いたことをいう」（『漢書芸文志』

三一二頁)。班固自注がここでいう「家」は作者の数、「篇」は篇数を指す、という理解である。

とすると、『七略』に収められた書物を数え直してみると、六略、三十八種(三十八家)に分けられ、書物のタイトルの数は五五六点、それらはあわせて一万三千程度の巻や篇に書かれたものであった、ということになろう。そして、そこに載せられた五五六点の書物、一点ごとに解題がつけられ、『七略』に収められていたというわけであるが、それらの解題がほとんどすべて失われてしまったのは、実に残念なことである。

第四節　六分類の体系性をめぐって

劉歆『七略』および『漢書』芸文志に示された六分類について、以上のように概観してきた。この分類の比較的まとまった考察が、金谷治氏の論考『『漢書』芸文志の意味」に見える。金谷氏の狙いは、漢志という「この一篇の哲学的著述としての意味を追求しよう」ということである(同稿、八二頁)。

まず、「六芸略が第一におかれ、そのなかでも易(引用者注：易家)が最初におかれている」ことの意味を問い、序列意識によって分類がなされていることを指摘し、「この目録が易類にはじまるのは、もとより著者の意識的な叙列であった」(同稿、八四頁)とする。また、諸子略についても「最後の小説家が……結局のけものにされているのからすれば、この排列にも、六芸のばあいと同様に、軽重の順序のあることが知られよう」(同稿、八六頁)と言う。「孔子に対する作者(引用者注：おそらく劉歆を指す)の

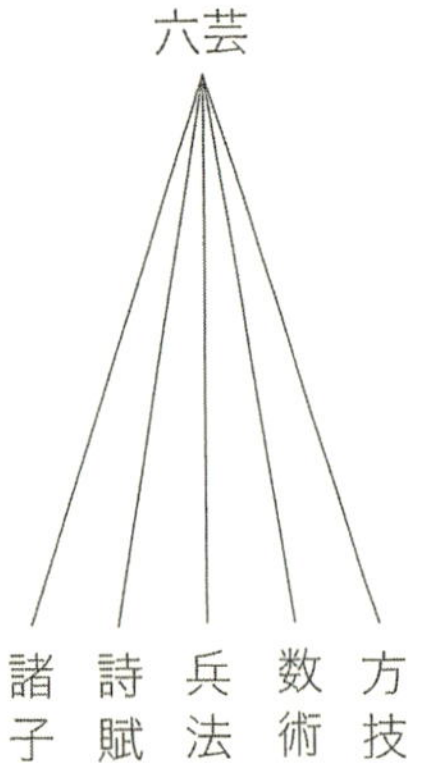

図15　六分類の構造。川原秀城氏による

崇敬は無上のものであった」（同稿、八五〜八六頁）という価値的な核心が、その序列を形成していると、金谷氏は考えたようだ。

分類においては、高く評価されたものが前に配置され、そうでないものが後に配置される。この大原則は、歴代の目録家たちが――たとえ明言はせずとも――常に意識し続けてきたことであるが（たとえば『四庫全書提要』の子部総序には、各類の序例の意味が詳しく説明されている）、『七略』の六分類を体系的に考察する上で、まずは指摘すべきこととして、誤ってはいない。しかしより正しくは、単なる六分類の直線的な配列というよりは、川原秀城氏が指摘するように、六芸略がシステムの頂点にあり、その他の五略を統べると見るのがよい（『数と易の中国思想史』、一七〜一九頁）。

また、細部をより詳しく見れば、六芸略と諸子略儒家との関係、六芸略詩家と詩賦略との関係、兵書略と諸子略との関係、数術略と六芸略易家および諸子略陰陽家との関係などなど、単に「重いものから軽いものへという秩序がある」（同稿、九〇頁）というだけでは十分な説明にならない点が、この六分類には様々存在しており、本書においては多少なりともそういう体系性の説明に気を配ったつもりである。

劉向らの校書についてはこの章まで語ったこととして、次章以下、この校書がどのように次世代に受け継がれていったのかに言及し、後世の目から見た劉向校書の姿を眺めてみたい。

コラム

数術略なのか術数略なのか

劉向・劉歆らの六分類のうちの第五は、「数術略」とも「術数略」とも呼称される。すなわち、この問題に関する最重要の資料である『漢書』について見ると、同書の芸文志の分類名や芸文志の数術略の序では「数術略」とする。一方、芸文志の大序では「術数略」としている。両者のうち、どちらが正しいのだろうか。

常識から言って、劉歆が『七略』を書いた段階において、すでに二種の名が含まれていたという可能性は低い。つまり『七略』においては、どちらか一方の名称で呼ばれていたはずである。

では、劉歆はどちらの名称で呼んだのか。どちらかといえば、前者の「数術略」と考えるのが妥当であると思う。主な理由は、芸文志の分類名には伝承の際の誤字が出にくいと推測されることである。大序のいう「術数」は、誤字と考えてもよい。

また、「数術」「術数」の二語が、『漢書』の中でどう用いられているか調べてみると、前者はしばしば暦算占術の意味で使われていることが分かる。たとえば、芸文志の大序に「太史令の尹咸をして数術を校せしむ」とあり、また楚元王伝（劉歆伝）に「諸子・詩賦・数術・方技まで、究めざる所無し」とあり、武五子伝（劉旦伝）にも「星暦数術、倡優射猟の事を好む」とある。

他方、「術数」の語は、王莽伝下に「諸《もろもろ》の術数家は皆な繆《いつわ》りもて対《こた》う」とあるものの、用例の数は多くない。

すると前漢末新代においては、暦算占術のことを「数術」と呼ぶのがより一般的であったらしい。

「数術」も「術数」も、意味はほぼ同じだが、劉歆『七略』においては「数術」略と称されたと考えておきたい。

なお、後世では「術数」がより多く用いられるようになり、今ではこちらの方が通りがよく、それに関する研究は「術数学」と呼ばれていることも、付言しておく。

第八章　ポスト劉向時代の目録学

第一節　劉向らの校書は無力だったのか

劉向の「中書（秘書）」整理は、前漢末期における、前代未聞の大事業であった。劉向は、この仕事に没頭することで、漢に与えられた天命を引き延ばすことができると考えたのであろうか。それとも、前漢が滅びざるをえないことを甘受しつつこの仕事に従事したのであろうか。校書ばかりでなく、たびたび成帝に上書して政治的な意見を述べることで漢を立て直そうともした。いずれにせよ、劉向の尽力にも関わらず前漢は滅びた。『漢書』楚元王伝に、劉向の「卒後《しゅつご》、十三歳にして王氏、漢に代わる」と伝えるのは象徴的である。

劉歆について言えば、父の劉向以上の野心家であり、漢の皇族でありながらも王莽に取り入って新の「国師」となってその建国を支えたばかりでなく、みずからも皇帝となろうとするような大胆不敵な人物であった。しかしながら、そのように政治的な野心を抱く一方、劉歆は前漢末から新にいたるまで、「中書」の校讐に関わり続けて『七略』においてはその学問観を明確に示し（それが『漢書』芸文志の序となっていまに伝えられているのは前述の通りである）、また、「太常博士を責むるの書」を書いて、後漢時代に隆盛を迎える古文経学の礎を築きもしたし、「三統暦」という画期的な暦法を作った。しかしこのように精力的に活躍した劉歆の願いが直接的にかなうような結果とはならず、王莽に反旗を翻して結局は自殺に追い込まれた。

前漢末期から新、そして後漢初期にいたる強力な時代のうねりのなかで、劉向や劉歆の「校書」は、まったく無力だったのかも知れない。そうではあっても、彼らの「校書」が後世に与えた影響が無であったわけではない。それどころか、後世の学術史に甚大かつ決定的な力を及ぼしたのである。

第二節　劉向らが校讐した本の運命

劉向らの校書の影響力を論じる場合、彼らの校書した「秘書」が、その後、どのような運命をたどったのかを考えてみる必要があろう。

『七略』に著録されたそれら「秘書」については、『隋書』経籍志（本稿では「隋志」と略称もする）が「王莽の末に、又た焚焼《ふんしょう》を被る」といっており、新が滅びた際に、その蔵書が大きな損害を被ったことが分かる。これは後世、隋の牛弘が挙げた「書の五厄」——古代から隋までに生じた甚大なる書物喪失——のうち、第二の厄災に相当する（『隋書』牛弘伝に見え、第一は秦始皇帝の焚書、第二が王莽末の損害、第三が後漢末の損害、第四が西晋末の損害、第五が梁の元帝の焚書）。

しかし、そのすべてが灰燼に帰したわけではなく、光武帝《こうぶてい》が洛陽へと運んだものも少なくなかったらしい。後漢の宮廷蔵書に関する史料として、『後漢書』儒林伝がある。

光武帝が（長安から）遷都して洛陽におもどりになった時、公文書や秘書（原文は「経牒秘書」）を二千輛以上の車に載せてもたらし、それ以後、（図書は）その三倍にもなった。

光武帝（劉秀、在位、二五～五七）が洛陽に遷都したのは、建武二年（二六）のことであった。都に運ばせたその「経牒秘書」のうち、「経牒」の語義がやや不明瞭で、そのすべてが書籍であったかどうか分からないが（つまり、行政文書が多数含まれていた可能性があるが）、劉向らが整理して、前漢・新の内城に蔵せられた相当に多くの「秘書」が、長安から洛陽へと運ばれ、後漢の皇室の蔵書となったことが知られよう。その後の事情を、阮孝緒《げんこうしょ》『七録』序と隋志とが補足して伝えている。まずは、『七録』序は次のようにいう。

> 後漢の蘭台《らんだい》でも、やはり書物の分類をなした。さらに東観《とうかん》と仁寿閣《じんじゅかく》でも、新しい記録（原文は新記）を作った。校書郎の班固・傅毅《ふき》が、いずれも秘籍をつかさどった。

初めの一文は、訓読すれば「後漢の蘭台に及びても、猶お書部を為す」となるが、これについて、蘭台の目録が作られたものと姚振宗《ようしんそう》はみなしており、東観と仁寿閣の「新記」についても同じく書目と考えている（『後漢芸文志』）。そうだとすれば、劉向・劉歆校書の精神は、後漢時代において着実に受け継がれたということになる。

そして『隋書』経籍志では、同じことをさらに詳しく次のように伝えている。

> 光武帝は漢を中興し、文雅を愛好し、明帝（在位、五七～七五）と章帝（在位、七五～八八）もそれを

継承し、とりわけ儒教（原文は「経術」）を重んじた。四方の地から偉大な儒者たちが荷物を背負って遠路はるばるやって来て、数えられないほどであった。石室・蘭台の蔵書は、ますます充実していった。さらに、東観と仁寿閣では新たな書物を集め、校書郎の班固・傅毅らがその職をつかさどった。いずれの蔵書機関においても『七略』にならって分類をし（原文は「為書部」）、班固はさらに書目を編んで、『漢書』芸文志を作った。

光武帝・明帝・章帝という後漢初期の皇帝たち——西暦で言えば二五年から八八年にかけて——が、文化と書物を重んじ、皇室の蔵書が増加したこと、そして洛陽の都には石室・蘭台・東観・仁寿閣などの蔵書機関があったこと、そして校書郎の班固・傅毅らが蔵書管理に当たったことなどが分かる。なお、最後の一文「いずれの蔵書機関においても『七略』にならって分類をし、班固はさらに書目を編んで、『漢書』芸文志を作った」というのは、まるで班固が後漢の皇室の蔵書に基づいて『漢書』芸文志を作ったように読めるが、事実はそうでないことは本書において繰り返し説いたところであり、おそらく隋志を書いた人物の軽率であろう。

さらに、後漢末の「秘書」の動向について、『隋書』経籍志は次のように述べる。

董卓が（初平二年（一九一）四月、洛陽を焼き払い、長安へと）都を移した際には、役人も民衆も擾乱を来たし、辟雍・東観・蘭台・石室・宣明・鴻都などの（洛陽の）蔵書機関の書籍をはじめとして、人々は奪い合い、絹に書かれた図や書物については、大きいものは連ね合わせて車の布張りに使われ、小さいものは切り取って布袋とされてしまったのである。

王允《おういん》が残りを集めて西（の長安）に運んだものはわずか車七十余輛分で、道のりは厳しく遠く、さらにその半分を廃棄してしまった。その後、長安は乱れ、あっという間に燃え果ててしまい、すべてが失われたのであった。


後漢末期、献帝（在位、一八九〜二二〇）を擁して権力を手中に集めた董卓《とうたく》（?〜一九二）であったが、孫堅《そんけん》らに攻め込まれ、初平二年（一九一）四月、洛陽を焼き払って長安に遷都せざるをえなくなった。その際に、辟雍・東観・蘭台・石室・宣明・鴻都などの蔵書に甚大なる損害が生じたわけである。なお、東観・蘭台・石室については隋志にも説明があり、また、辟雍は洛陽の南郊にあった施設であり、秘書を管理していたわけではないが、それ以外の宣明・鴻都についてはよく分からない。多くの蔵書機関の書物が、この時期の混乱で失われたことを述べたものである。これが、隋の牛弘が説いた「書の五厄」のうちの第三の厄災であった。

これほどの災難を受けたのでは、せっかく劉向らが校書した新たな定本は――少なくともその原本については――、漢代の終焉とともにすべて失われた可能性が高い。

第三節　劉向らの校書結果の影響

しかしながら、劉向らの作った定本のうち原本は失われたものの、それらが失われる前にその写しが作られていた形跡がある。副本である。

そもそも、前漢においても新においても、「秘書」の管理はきわめて厳格であった。よく引かれる『漢書』の記事は、霍光《かくこう》の従孫の霍山《かくさん》という人物が、「秘書を写すに坐す。顕（霍光の妻）、為に上書して城西の第を献じ、馬千匹を入れて、以て山の罪を贖《あがな》わんとす」（霍光伝）とあるのと、同じ霍山の事件について、「蒲侯の蘇昌を太常と為す。十一年、霍山の秘書を書泄するに坐籍して免ぜらる」（百官公卿表下）というものである。「秘書を写す」行為が重大な犯罪とされたことが分かる。

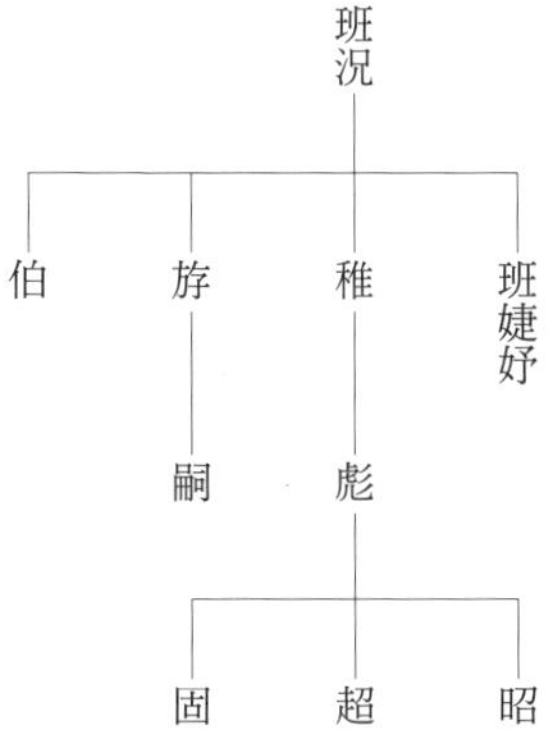

図16　班固の一族の系図

その一方、功績のあった臣下には、秘書の副本が下賜されることがあった。最も有名なのは、校書にも携わった班斿《はんゆう》（一五〇頁を参照）の例である。彼は班彪の伯父に当たるので、『漢書』の叙伝上（班氏の家族の記述が見える）にその話がある。

班斿は劉向とともに秘書を校した。（校書した本を）奏上するたびに、斿が選ばれて詔を受けて書物を読み上げてたてまつった。皇帝はその力を高く評価し、秘書の副本を下賜した。

この文に続けて、東平思王（劉宇）が成帝の叔父に当たる人で、『太史公書』や諸子の書を求めたところ、大将軍の申し立てで許されなかったことを記し、班斿へのこの待遇が特例であったことを強調している。

秋山陽一郎氏は叙伝上にさらに「（班）彪、字は叔皮、幼くして従兄の（班）嗣と共に遊学す。家に賜書有り、内は財に足り、好古の士、遠方よりいたるもの、父の党の揚子雲以下、門に造《いた》らざるは莫し」というのも根拠とし、班氏家蔵本を通じて秘書本の内容が広まった可能性を指摘している（「劉向・劉歆校書事業における重修の痕跡（上）」、二九〜三三頁。および『劉向本戦国策の文献学的研究』、七六〜七九頁）。本来、秘匿される性質を持っていた秘府本が、世の中に伝えられていく経路として、これは確かに重要である。

一方、私は以前、「後漢魏晋注釈書の序文」という一文において、以下のように書いたことがある。

> 劉向の整理を経た書籍はすべて皇室の所有となった。しかも前漢末から後漢にかけての時期、その転写本が臣下に対して頻繁に下賜されたり貸与されたりすることはなく、また学者が宮廷の図書館に自由に赴いて閲覧することもなかった。このように考えると、「叙録」を附した劉向校定の書籍が民間に広く流通し、ひいては当時学界に流通していたその他の伝本を駆逐し面目を一新するほどの影響力を及ぼしたわけではあるまい。（「後漢魏晋注釈書の序文」、『中国中古の学術』、六三頁）

上記の班氏家蔵本を主たる根拠として、秋山氏は拙論に対して批判を加えている。秋山氏の批判は、劉氏校定本の影響は看過できないレベルで存在しているという点において正当であると思うが、ただ、当時の私としては、あまりに大きく劉氏校定本の存在を見積もり、中国社会にあったすべての書物が劉氏校定本によって刷新されたと考える極端な説を修正する意図を持っていた。「頻繁に下賜されたり貸与されたりすることはなく」というのは、例外があったことを念頭に置いた表現であり、影響力が無に等しかったと主張するつもりではなかった。批判は甘んじて受けるが、考えはあまり変わっていない。たとえば今文経などは、経書を伝承する学者たちのテクストが後漢以降も伝えられ（たとえそれらをもとに劉向校定本が作られ、両者の内容が同一であったとしても）、劉向がいてもいなくても歴史上、影響は大きくなかったという想定もできよう。

中国の学者、徐建委氏の近著は、その名も『文本革命——劉向、『漢書・芸文志』与早期文本研究』と題されており、すなわち劉向らの校書が「文本（テクスト）」の革命をもたらした、とみなすものである。近年、発見の続く、劉向以前の出土簡帛文献と、劉向以降の文献を比較した上で、その間に断絶を見るものと言ってもよいかも知れない。

秋山氏の研究にせよ、徐氏の研究にせよ、個別の書物に基づき、劉向校定本の位置を精密に見定めようとする意図を有するものであり、研究意義は高く、今後の展開も大いに期待できるものである。立場は異なるが、むしろ今後、個別の例に即して、劉向本の影響力の大きさが様々なかたちで証明されることは、私がひそかに楽しみにするところでもある。

先ほど言及した私の旧稿には、「劉向叙録の影響力」と題した一節を設け、むしろ、『別録』『七略』が世に行われ、それらが学術史上、大きな影響を与えたのではないかと考えた（『中国中古の学術』、五四～六五頁）。あわせてご覧いただければ幸いである。

第四節　四部分類の誕生

さて、ここで図書分類の歴史についても、劉向らの影響を概観しておこう。劉向らの六部分類は、魏晋時代以降、四部分類へと変化した。時代の変化にともない、学術の分類も図書の分類も、変化せざるをえなかったのである。

四部分類は、魏の鄭黙『中経簿《ちゅうけいぼ》』、もしくは西晋の荀勗《じゅんきょく》『中経新簿』に遡り、以下、南朝の国家的な書目である、『晋元帝書目』『晋義熙四年秘閣四部目録』『宋元嘉八年秘閣四部目録』『宋元徽元年秘閣四部書目録』『斉永明元年秘閣四部目録』などが、いずれも四部分類を採用している（阮孝緒「古今書最」による）。これが、さらに『隋書』経籍志へと受け継がれ、四部分類が定着し、もはや劉向らの六部分類は用いられることがなくなった。

六部分類と四部分類との大きな違いは、以下の通りである。

① 四部分類において、新たに史部が創設された（六部分類の六芸略春秋家からの分出）。

②六部分類の数術・方技・兵書の三略は、すべて諸子に吸収されるかたちで、新たに子部とされた。

一応、劉向らの六部分類と隋志の四部分類をおおまかに対照させると、大体、以下のようになろう。

劉氏	隋志
（一）六芸略の大部分	（一）経部
六芸略春秋家の後半部	（二）史部
（二）諸子略	（三）子部儒家類から小説類
（三）詩賦略	（四）集部
（四）兵書略	（三）子部兵類
（五）数術略	（三）子部天文類・暦算類・五行類
（六）方技略	（三）子部医方類

四部分類の誕生については、すでに戸川芳郎氏、井上進氏などに優れた専論があるが、本書では、六部分類を中心に据えて見た場合、むしろ六部分類のなかに「史部」創出の契機が内在していたのではないかと見る、内山直樹氏の論文「『七略』の体系性をめぐる一考察」の議論を紹介しておきたい。

六部分類には詩賦略があるが、他の五略と異なり、この略には各類の小序が存在しない。また他の五略については、それぞれの序において官制秩序との対応が語られているのに、詩賦略だけはそれがない。六芸略詩家から詩賦略が直接的に派生したからこそ、他の五略とは階層が異なっているために各類の小序がなく、また六芸略詩家の直接の子孫であるため、そこに官制的な説明は不要とみなされたのである。おおむねそのように言う。

六芸略詩家と詩賦略との関係は、六芸略春秋家前半部分とその後半部分との関係と近い。すなわち、『国語』や『史記』を含む書物が、六芸略春秋家後半部分に列記されているのだが、これら後半部分の書物を新たな分類として独立させることも可能である。その後の歴史のなかで、『国語』『史記』に類する書物が増大したのにともない、この選択が現実味を帯び、ついに四部分類のなかに史部として独立の領域を獲得したのだ、と。

内山氏のこの議論に従い、劉向らの分類のなかに、すでに史部独立の可能性が内在していたと考えたい。そうであるとすると、六部分類から四部分類への移行は、特に史部の創出については、革命的なものというよりも、むしろ自然に発展していったものであるという面が含まれる。必ずしも、後世の目録学の創造的側面を認めないものではないが、ただ、劉向からの影響がかなり濃厚であるということである。

ただし、「六部分類の数術・方技・兵書の三略は、すべて諸子に吸収されるかたちで、新たに子部とされた」ことについては、事態はそれほど単純でないかも知れない。井波陵一氏はその論考「六部から四部へ」において次のように述べられた。

六部分類法がそのまま踏襲され、下位の三略（引用者注：数術・方技・兵書の三略）が独自のまとまりを保持していたら、機械学（＝軍事技術）、数学および天文学、そして医学という「革命要因」（引用者注：十六世紀ヨーロッパの文化革命に擬えた表現）はどのようにトータルに認識され、どのような展開を遂げていったことだろう。想像はふくらむばかりである。しかし、現実には六部分類法は四部分類法に取って代わられ、下位の三略は諸子略を基幹とする子部に編入されてしまった。「学」と「術」が明確に区別されているという意味で「分かりやすい」六部分類法から、中国独自の学問体系を象徴する地位を占めることにより、その分だけ「分かりにくい」（＝特別の説明を要する）」四部分類法へ移行した時、そこにはどのような認識の変化が起こったのだろうか（『漢字の中国文化』、二五六〜二五七頁）。

六部分類においてそれぞれ独自の居を構えていた、数術・方技・兵書の三略が、四部分類にいたって、少なくとも目録のなかにおいてはその独立性を失い、諸子の書と同じ子部に同居することとなってしまった。このことの学術的な意味は、井波氏が指摘するとおり、決して小さくない。この点においては、確かに前漢末校書の分類思想は後世に受け継がれなかったと評価することもできる。すなわち、数術・方技・兵書といった専門職の知見を十全に生かす道があやふやになってしまった、ということである。ここに一言しておきたい。

第五節　現代にも残るその影響力

『隋書』経籍志は、隋の煬帝時代の『大業正御書目録』に基づき、唐代に整理を加えたものである（榎本淳一「中日書目比較考」）。この目録に示された分類が、後世の分類の規範とされるようになっていった。我が国最古の漢籍目録である『日本国見在書目録』も、隋志の体例を模範として作られたものである。

もっとも、隋志の分類をそのまま使うというよりは、時代ごとに改良が加えられていった。たとえば三国魏の文帝が編輯させた『皇覧《こうらん》』などの類書（多くの書物から文章を抜粋し順序立てて並べた書物）は、隋志では子部雑家類に収められていたが、『旧唐書』経籍志では、子部類事類として独立させている。

有名な清の四庫全書の分類も、基本的には隋志的な四部分類であるが、それに細かな変更を加えたものである。比較的、大きなものとしては、隋志では『公孫龍子』等のために子部名家類を立て、『墨子』等のために子部墨家類を立て、また『鬼谷子』等のために子部縦横家類を立てたが、何と四庫全書では、「後人は旧文を株守し、是に於て、墨家は僅かに『墨子』『晏子』の二書、名家は僅かに『公孫龍子』『尹文子』『人物志』の三書、縦横家は僅かに『鬼谷子』の一書なるも、亦た別に標題を立て、自ら支派と為すは、此れ門目に拘泥するの過《あやま》り也」といって（『四庫全書総目提要』子部雑家類序）、それらの類をすべて廃止し、雑家に併合している。これは、学術史的な観点から見るとかなり思い切った処置であり目録学者からの批判もあるが、ともかくもこのような変更を加えながら四部分類を運用した。

この四庫全書の示した分類がさらに後世の規範となり、我々が今日、日本において使用している漢籍目録の類も、基本的にはそれに沿うものとなっている。日本の漢籍目録がどのような思想をもとに分類されているかについては、井波陵一氏の『知の座標』が最も詳しいので併せてご覧いただきたい。

以上述べたとおり、四部分類を代表とする後世の漢籍分類法は、劉向の分類意図を継承した面と、他方、継承しなかった面と、両方の側面があると言える。しかしながら、次の鞏固な一点においてまったく変化することがなかった。それは冒頭に据えられた「六芸」である。これこそが劉向的な価値観をいまもなお濃厚に伝える象徴であると、私には思われる。

劉向らの校書は、後世に影響を与え得たからこそ重要なのである。しかし劉向らの理念や意図が、そのまま自動的に後世に伝わったというわけではない。そこには、優れた目録学者たちの創造的な解釈が介在しており、それによって劉向はたびたび蘇ってきた、というべきであろう。次章においては、そういった例を紹介したい。

コラム

劉向的分類を乗り越えることの難しさ

劉向の六分類から四部分類への移行は、確かに中国学術史上の大きな変化であった。しかし劉向らの六分類から魏晋南北朝隋唐の四部分類への発展は、根本的な変革を伴うものとは言い難い。たとえば、六芸を筆頭に置くこと、そして六芸の順列が易・書・詩・礼・楽・春秋であること。これらは劉向の示した価値が不動とみなされたことを示す。

四部分類ですら、劉向の延長線上にある。歴代の目録家にとっては、劉向的な価値観と、その直系の継承者たる四部分類を乗り越えることは——もしも乗り越えたいと願うとすれば、ということだが——容易でなかったということができよう。

その四部分類を逸脱した図書分類が中国にあったという事実は、目録学者の関心を誘う。程千帆・徐有富の『校讎広義目録編』（邦訳『中国古典学への招待』）には、わざわざ「四部分類の規則を守らない分類法」の一節を設け、その種の目録を紹介した（邦訳、一六九～一八三頁）。代表例は鄭樵の『通志』芸文略の十二分類であり、しかし、程氏らの書物でも詳しく解説しているが、本書次章にて述べる通り、鄭樵の分類は、『隋書』経籍志の分類の階層を整えたものにすぎず、これが四部分類を乗り越えた新しい分類であるとは言えない。むしろ、利用者も目録家も体感的に運用できる四部分類の機敏さにはとても及ばない。

清朝の孫星衍《そんせいえん》が『孫氏祠堂《しどう》書目』において示した十二分類法（経学・小学・諸子・天文・地理・医律・史学・金石・類書・詩賦・書画・説部《せつぶ》）が、類書を独立させ、また説部という明清小説類の分類を設けたのなどは確かに興味深いが、しかし性質の異なる医書と法律とをまとめて医律とするなど、個人の蔵書を整理する場合には問題ないとしても、他の蔵書機関の模範となる種のものではありえない。

こうしてみると、四部分類を乗り越えることは後世の目録家にとってたやすいことではなく、さらに遡れば、劉向の示した規範を凌ぐことは、それにもまして難しいことであったと言えよう。

第九章　劉向の学を広め深めた学者たち——鄭樵・章学誠・余嘉錫

第一節　鄭樵の学術観——理想の学術分類を目指して

『周易』繫辞下伝に「苟しくも其の人に非らざれば、道虚しくは行われず」という。ことを成し、伝えるためには、適切な人材なしに自然に伝わるなどということはない、「道」の実現は「其の人」があってこそなのだ、と。どんな学問でも、創始者が立派なだけでは不十分で、それを引き継ぐ人材に頼ってこそ発展がある。目録学史上には、宋の鄭樵・清の章学誠・民国の余嘉錫といった優れた後継者がそれぞれの時代に現れた。

鄭樵は、彼の主著『通志』に「芸文略」という書目を作った。これは彼が持っていた書物の目録ではなく、また宋の国家の目録でもない。過去の様々な目録や、彼が現に読んだ書物に基づいて、彼が中国の学術史を見通すのに必要と考えたものを排列した目録である。全体は十二類に分けられており、それぞれ書名・巻数を示し、また必要に応じて撰者を注記している。

鄭樵はこの「芸文略」にどのような思いをこめたのだろうか。この目録を眺めるのもよいのだが、それでは彼の意図は十分に伝わらない。そこで同書の「校讐略」を参照しながら「芸文略」を見ると、この書目にこめられた彼の考えが分かる。以下、その主張の主なものを見てゆこう。鄭樵は、書物全体を以下の十二の「類」に分けた。

（一）経類　（二）礼類　（三）楽類

（四）小学類　（五）史類　（六）諸子類
（七）天文類　（八）五行類　（九）芸術類
（一〇）医方類　（一一）類書類　（一二）文類

これは当時広まっていた「経史子集」の四部分類を基礎にしつつ、それでは不十分だという意識のもとに細かく分割したものである。さらにそれぞれの「類」の下には、「家」という下位分類を設け、たとえば経類については、九家が立てられている。

（一）易家　（二）書家　（三）詩家
（四）春秋家　（五）国語家　（六）孝経家
（七）論語家　（八）爾雅家　（九）経解家

その「家」の下にはさらに「種」という下位分類があり、経類の易家の場合はこうである。

（一）古易　（二）石経　（三）章句　（四）伝
（五）注　（六）集注　（七）義疏　（八）論説
（九）類例　（一〇）譜　（一一）考正　（一二）数

（一三）図　（一四）音　（一五）讖緯　（一六）擬易

一々の「類」に複数の「家」があり、一々の「家」にこのような「種」という枠組みが用意されているのである。まことに用意周到と言わざるを得ない。

鄭樵に言わせれば、『七略』の六分類も、四部分類も、いずれも不十分であって、『七略』の分かつ所、おのずから苟簡なり、四庫の部する所、無乃《むしろ》荒唐ならんか」（校讐略）、ということになる。学術の内容に従って徹底的な整理を加えた独自の分類体系こそが、鄭樵「芸文略」の誇るところであったのだろう。

このような独自の分類体系は、「類例が分けてあれば、学術はおのずと明らかになる」（「校讐略」）という鄭樵の主張をもとにしている。学術の枠組みさえ明らかになれば、学術の内容も埋没しないのだという信念である。物事はそれほど単純なものでないとしても、学術の枠組みというのはなかなか意味のあるものである。それが重要であることは、今も昔も変わらぬことであろう。昨今は大学でも「学際的研究」とか「ボーダーレス」などという時代のキーワードが聞かれるが、専門がしっかりしていなければ学際的も何も砂上の楼閣にすぎない。

鄭樵は書目の上での「類例」（書物の分類）をはっきりさせることによって、そういった書物を生み出してきた「学術」のあり方を記録しようとしたのである。たとえば、同じ経学に属してはいても、礼と楽は、それぞれ実践・実習を伴うものであり、他の経学と同じでないと考えられたため、「礼類」「楽類」は、「経類」から分離されたのである。分けなければむしろ学問のあり方が不明瞭になってしまうと鄭樵は考えたのである。

ただ鄭樵が示したような細かい分類が、先行の書目になかったわけではない。典型的な四部分類の目録、『隋書』経籍志は全体を経部・史部・子部・集部の四部に分かち、それぞれの部の下位分類として「類」が設けられている。たとえば経部の場合、次の十類がある。

（一）易　（二）書　（三）詩　（四）礼
（五）楽　（六）春秋　（七）孝経　（八）論語
（九）讖緯《しんい》　（一〇）小学

隋志の場合、それぞれの「類」に下位分類こそないが、しかしながら実質上、大まかにグループを分け、それぞれ時代順に排列する工夫を施している（これについては、鄭樵よりも後世のものではあるが、姚振宗『隋書経籍志考証』に詳しく述べられている）。鄭樵はおそらく、隋志の分類を眺めながら、その分類に大いなる意義を認めつつ、これではまだ不徹底であると考えたのではないか。ただ、鄭樵はあまり先行目録から自分が継承した面を言わず、自身の新しさを強調しているに過ぎない。いずれにせよ鄭樵は、あれこれと目録を眺めながら、自分の分類体系を構築していったに違いない。そして隋志の分類も、深く『七略』から汲み取った学術観に依拠したものである。

鄭樵は、どのような書物も、すべて何らかの「学術」から生み出されたものだ、と考えた。これは、すでに述べたように、まさしく劉向的な考え方である。鄭樵はこの意を汲んで、書物のグループを細かく分けることにより、その母胎となっている学術を明らかにしようとした。そういう考えを持つ彼にとって、「同じ種類の書物はかならず同じ場所に置くべきだ」（「校讐略」）という主張を持つにいたったのは当然であった。つまり書目において同種の書物、すなわち同じ学術的背景から生み出された書物は一つの場所に集めておかねばならず、関係のないものが混じっていたり、あるいは関係があるのに別の分類に収まっていたりしては、学術的文脈が不明になる、という危惧である。鄭樵の場合、眼前にある書物ばかりを相手としているわけでなく、過去に存在していたが失われたもの、さらに現在は存在するが将来には失われてしまうものがある可能性を考慮しているので、書目によって学術を伝えるという発想が出てくるのである。

それ以外に面白い主張として、鄭樵は『七略』のうち、任宏が担当した兵書略が一番よくできており、劉向父子の整理した六芸・諸子・詩賦略は冗漫で不明瞭」（「校讐略」）と言っている。鄭樵はほぼ『漢書』芸文志のみを見て、校書について観察したようで、今日から見ると不十分な点が多いが、ともかく、任宏こそが最もよい仕事をしたと考えた。

これは任宏の担当した「兵書略」に「図」と呼ばれる画像を記したものが含まれることに特に着目して生まれた意見であったが、劉向が偉大であるとする常識にとらわれず、自由に思考した結果であるに違いない。

さて、なぜ鄭樵は「図」を重視したのか。ここでいう図というのは、文字でなく、イメージで形を描いたもの、たとえば、地図・概念図・図面などのことである。彼は、「図は縦糸、書は横糸。縦糸と横糸がまじわってアヤをなす」(「図譜略」)と考えた。彼によれば、古代にはたくさんの図が存在して人の役に立っており、それが「兵書略」などに見える。しかし劉向などが過度に「書」、すなわち文字で書かれたテクストを重視し、図を軽視したので、このよき伝統が不明瞭になった。しかし「図」と「書」とは互いに補い合う存在であって、一方を欠かすことはできない。それゆえ、図の復権が必要なのである。おおむねそのように鄭樵は主張した。彼は『爾雅』という書物を補訂した際、「図」を施す工夫を行ったとのことである。その経緯は、原田信氏「鄭樵「図譜略」の著述意図について」に詳しい。

中国の歴史上、このような主張は異彩を放つものであり、姚名達は次のように表した。

> 古代以来、図画表譜の意義を提唱し、意識が最もはっきりとしており、力を最も尽くしたものとして、もちろん鄭樵を越えるものはない。(『中国目録学史』、一一四頁)

鄭樵の「図」重視は、それまで少なかった斬新な主張である。それを彼は、『漢書』芸文志の特に兵書略から再発見したと言える。確かに近年、大陸において多数出土しているいわゆる「出土文献」には、文字ばかりでなく、図や医療用の人体模型など、多くのイメージが含まれている。後世の中国においてイメージがなくなってしまったわけではなく、地図などは古代よりもはるかに発達したが、しかし、図と書とが補い合うという点は強調されておらず、書目においても図の位置付けが曖昧となっている。

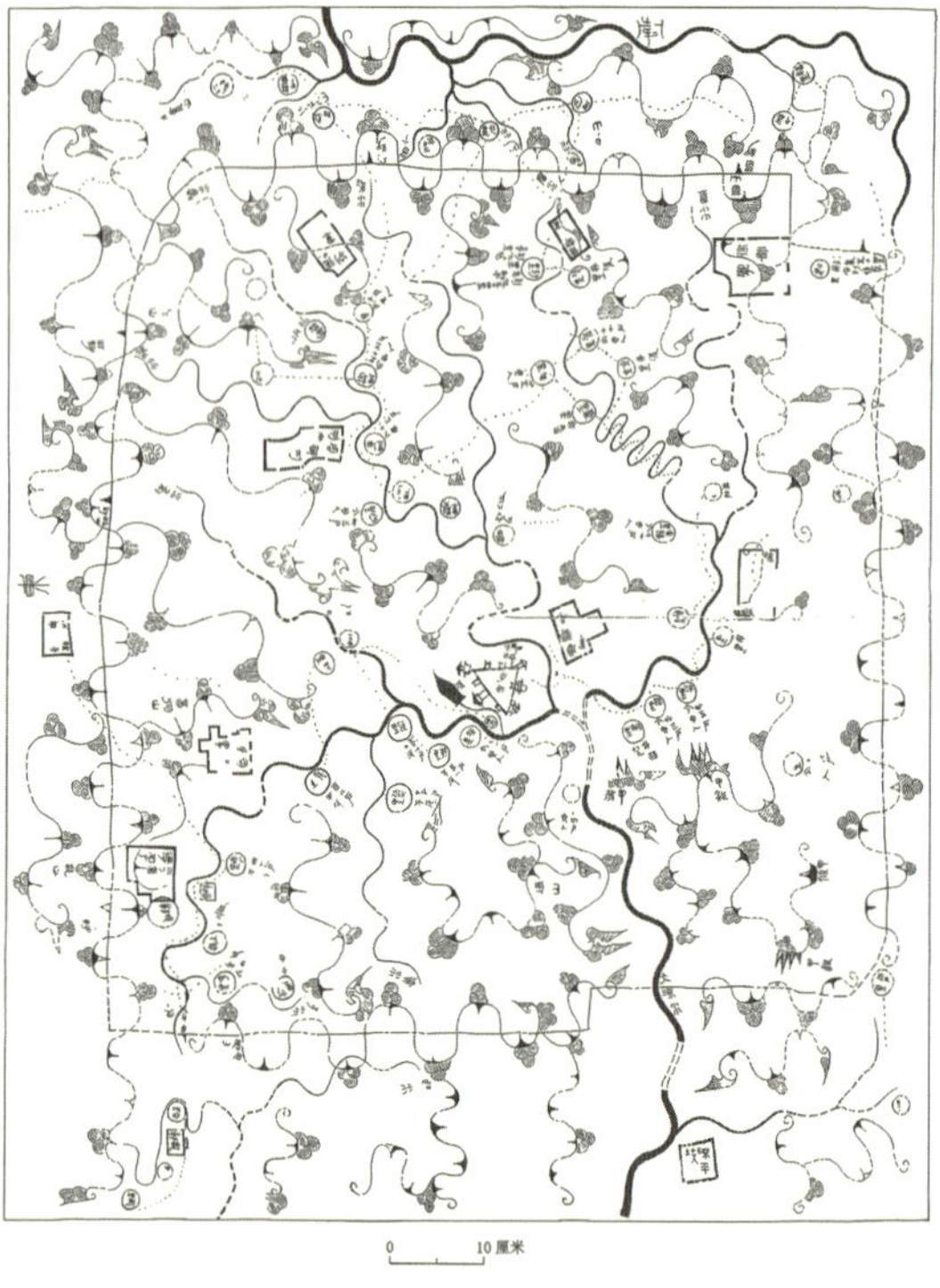

図 17　馬王堆漢墓の「駐軍図」。出土資料にはほかにも様々な図がある。

「図」と「書」、二つを合わせてこその「図書」である。

ひるがえって今日の日本は、映像や写真・漫画など、まさに「図」があふれ、「書」、すなわち文字でくどくどと書かれたものがかえって受け入れられにくくなっているように感じられる。「書」を過度に重視した伝統中国とは逆さの流れである。鄭樵が現代の様子を見て何というか分からないが、私は現状においては「書」に対する関心を高め、「縦糸と横糸がまじわってアヤをなす」のが理想なのではないかと考える。ともかく、鄭樵は『漢書』芸文志を読みながら、そんなことまで考えた。

鄭樵はなかなか辛口の人物で、「劉向父子の整理した六芸・諸子・詩賦略は冗漫で不明瞭」などと、劉向父子について批判めいたことも言っているが、彼の学術観は、私から見るとほぼすべて劉向らの校書の精神を汲み取ったものである。そこには様々な新見があり、後に清の章学誠に多大な影響を与え、結果的に目録学の発展に寄与することとなったのである。

第二節　章学誠の見た劉向——目録学の理念

さてこのように鄭樵はさまざまな角度から歴代の書目を読み解き、自分の意見を「校讐略」「図譜略」に記したが、ただ二つの「略」をあわせても分量は多くなく、議論も十分に深められたとは言えない。後にこの方法は、清朝の章学誠に受け継がれた。章氏は『校讐通義』を執筆し、その序文で鄭樵をこう評価した。

鄭樵は（劉向・劉歆の）千年の後に生まれ、劉向・劉歆父子の討論の趣旨に至ろうと志した。そこで、歴代の目録を取り上げて、字句の異同などの細かいことは無視して、特に分類や排列について種類を分けて、（それぞれの学術の）得失の理由を考え、これを「校讐」と名づけた。石渠閣・天禄閣（の書を整理した劉向らの校書）以来、学者たちはこのような学問を目にしたことはなかった。ただ、鄭樵は南宋の世に生まれ、古代から遠く離れていたので、劉氏の『七略』『別録』といった書物はすでにずいぶん前に失われており、おしひろめようとしたのは班固『漢書』芸文志のみであった。しかし鄭樵の書物では初めから班固を譏っており、おしひろめようとする内容のうち、班固の仕事に関わる部分にはすべて非難の言葉を連ねたのであった。

「石渠閣・天禄閣以来、学者たちはこのような学問を目にしたことはなかった」というのであるから、章学誠が鄭氏を非常に高く評価したことが分かる。また、『校讐通義』に「補鄭（鄭樵を補う）」第六や、「鄭樵誤校漢志」などの篇があることは、章氏に批判的継承の意図があったことを如実に表している。

鄭樵の研究を踏まえ、章学誠は、「互著」「別裁」の法というものを『漢書』芸文志に見出した。「互著」とは何かというと、ひとつの書目のなかに、同一の書物が重出している、つまり二度掲載されていることである。『漢書』芸文志には、注（これは班固の注で、もとは『七略』の文章をかいつまんだものとされる）を含め、『孫卿子（荀子）』など九種の書物が、重出している。また、『墨子』が諸子略墨家と兵書略技巧家とに重出している。たとえば『孫卿子』は、諸子略と兵書略にそれぞれ次のように見える。

・『孫卿子』三十三篇（漢志諸子略儒家）。

・右兵權謀十三家、二百五十九篇（省『伊尹』、『太公』、『管子』、『孫卿子』、『鶡冠子』、『蘇子』、『蒯通』、『陸賈』、『淮南王』二百五十九篇重（「篇重」はもと「種」に作る）、出『司馬法』入礼也）。（漢志兵書略兵権謀家の末尾部分）

これをどう理解するか。章学誠は、『孫卿子』という書物が、諸子としての儒家の背景と、兵学の背景と、二つの背景を持つ書物であったがために、劉向たちがこのような処置を施し、「二つの背景がある」ことを後世に伝えようとした、と考えた。これが章氏のいう「互著」である。

しかしながら、章学誠のこの推測には誤りがあるらしく、王重民氏（一九〇三～一九七五）は、いずれの書物も、諸子略に記載されている方が完本で、兵書略に記載された方はそれぞれの書物のうち兵書に関係する部分の別行本であり、内容的には同一でなく、おそらく兵法の専門家らが完本から抜粋したものだろうと言っている（『校讐通義通解』一七～二〇頁。『鶡冠子』のみは同一本であった可能性を指摘する）。ただそれだけのことであるとすると、「学術的背景を明らかにしようとした」というほどの意識は、劉向たちになかったのかも知れない。

となると章学誠の読みは「深読み」であったが、しかしながら、学術の背景を常に意識するという書目の読み方には一理ある。しかも、書目を編む際にこの方法を応用すれば、一つの書物を関連箇所すべてに著録することが許容され、より円滑に目録を用いることができるようになろう。そういう意味においてこの「互著」の方法は有効であると考えられ、目録学者はその意義を認めている。

章氏が主張した「別裁」の法というのも似たものであり、同じ本の完本とは別に、その一部の篇や章を選びとって別行本を作ることである。章学誠が挙げた例として、「弟子職《ていししょく》」がある。この篇は現在でも『管子』に見えており、『管子』（『漢書』芸文志では『筦子』と表記）が完本、『弟子職』が別行本、という関係になる。

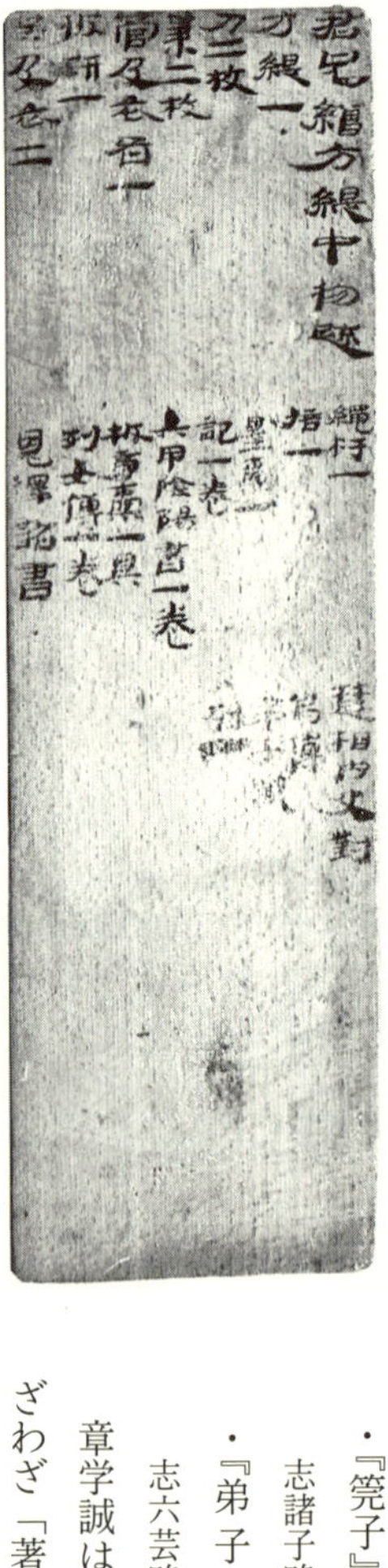

図18　尹湾前漢墓出土の木牘。かすれているが、下段に『弟子職』の書名が見える。

・『筦子』八十六篇（漢志諸子略道家）
・『弟子職』一篇（漢志六芸略孝経家）

章学誠は、劉向らがわざわざ「著述の源流」を弁ずる目的のもと、ある特定の篇を抜き出して別の本に仕立てた、と考える。こうして学術的背景が明らかにされた、というわけである。これに関しても、当時、すでに社会には別行本が一般的に流布しており、特に劉向らが「著述の源流」を明らかにするために手を加えたとは言えそうにない。余嘉錫が「古書が単篇にて別行した例」を豊富に挙げている（邦訳『古書通例』、一七六〜二二〇頁）。

また近年、江蘇省連雲港市の尹湾漢墓から見つかった木簡に、他の書とならべて『弟子職』の書名が見えているが、これは劉向より少し前のものであり、そのころからすでに別行の習慣があったことを示している。章氏が考えるように、「劉向の意図」があって、漢志六芸略孝経家に『弟子職』一篇を並べたものではなさそうだ。

しかしながら、「互著」の場合同様、「別裁」の例から古代学術のあり方を考察することは必要なことであり、章学誠の気づきはやはり意義深いと言える。彼は『漢書』芸文志の優れた読み手であり、目録学への寄与は小さくなかったのである。

それ以外にも、劉歆の「九流は王官より出《い》づるの説」（一七八頁を参照）を大いに発展させ、有名な『文史通義』を著して、中国の古代から清朝へといたる史学の展開を見わたすなど、言うべきことは少なくないが、本書ではこの程度の言及にとどめたい。

第三節　余嘉錫の目録学――近代に劉向を伝える

清末から民国時代にかけて、過去の伝統的な学術とどのように向きあい、それらを整理して利用してゆくのかが、学術上の問題とされた。大きく見れば、近代人として伝統文化を如何に評価するのか、という問いである。

目録学という学問も、伝統的な文献群をつかさどってきた学であるから、もちろんそのような問題関心と無縁であったはずはない。民国時代、目録学を講じた学者は少なくないが、余嘉錫（一八八四〜一九五六）と姚名達（一九〇五〜一九四二）の二人は、ともに近代的な目録学の概説書を書いたという点において重要である。両者を比較した場合、余氏は『四庫全書総目提要』を中心とする清朝の伝統学術の影響が強いのに比して、姚氏の方は、清華大学にて梁啓超の指導を受けたこともあって、その目録学にも近代的な色彩が強い。

たとえば、姚氏『中国目録学史』の「分類篇」には、「新分類法創造之嘗試」「西洋近代分類法之進歩」「杜威《デューイ》（Melvil Dewey）十進法之接受与修正」の三節を設け、また「専科目録篇」には、西学の諸分野に対応すべく「訳書目録」「哲理目録」「教育目録」「社会科学目録」「自然科学目録」「応用技術目録」などの創成を提案し、その具体的な方策を説く。これ自体もたいへん興味深い近代目録学の特徴であるが、本節においては、むしろ、劉向以来の伝統を強く継承する余氏の目録学を紹介したい。

一八八四年、余嘉錫氏は河南商丘県に生まれた。父の余嵩慶（字は子澂）は進士で、当時は商丘県の県令だったからである。幼少の頃、父より教えを受け、五経、四史、『楚辞』、『文選《もんぜん》』、『資治通鑑《しじつがん》』を読み、作詩と古文を学び、十六歳の時、張之洞《ちょうしどう》『書目答問《しょもくとうもん》』『輶軒語《ゆうけんご》』を読み、さらに翌年、『四庫全書総目提要』を読み、自力で弁証《べんしょう》（注釈の一種）を加え始めた。光緒二十七年（一九〇一）、郷試に合格して挙人となったが、しばらくして清朝は滅んでしまった。一九一九年に北京に出て、のち一九二八年から輔仁大学（北京にあったカトリック系の大学）にて教鞭を取った。

張之洞が初学者に向けて書いた『輶軒語』に「今、諸生の為《ため》に一良師を指《しめ》さん、『四庫全書提要』を将《もち》いて読むこと一過ならば、即ち略《ほ》ぼ学問の門径を知らん」とあったのを読んだ余嘉錫少年は、「天下に果して是の書有りや」と感動し、父が『四庫全書総目提要』を買って帰るやいなや、さっそく日夜これを読んでは余白にメモを書き入れ、数十年の歳月を経て、誉れ高い主著『四庫提要弁証』を完成させたのであった。

その『四庫提要弁証』はいまだに多くの学者に引用され続ける名著であるが、と同時に、余嘉錫が大学の講義用の教科書として作った『古書通例』『目録学発微』の二書も、劉向・劉歆の校書を考える上で重要である。すでに本書でも挙げたように、余嘉錫はしばしば章学誠を批判するので（一四二頁を参照）、章氏から余氏への決定的な影響があることは見落とされがちであるが、余氏が章氏を通じて劉向らの校書の精神を汲み取っていることは明らかである。

たとえば『目録学発微』では、書目においてそれぞれの分類の意義を記述する「小序」の重要性を強調するが、「小序の意義については章学誠の「学術を弁別して明らかにし、源と流れを考察する（「学術を弁章し、源流を考鏡す」）という二句に尽きている」というほど、章学誠のこのモットーを高く評価する（邦訳、二二頁）。

また、台湾の歴史家王汎森氏はその論文「対『文史通義』的一個新認識（『文史通義』についての新しい認識）」において（『権力的毛細管作用』、四六五頁）、余嘉錫『古書通例』の以下の一節を引用している（邦訳、二六四～二六五頁）。

後世の人々は漢代以後の書物を見慣れており、また隋志では古書を著録する際、みな「某人の撰」と題して、書物の著者を無理に探し求めて実体視しているため、人々は古人の著書というのも後世の詩文集と同様、きっと本人の自著であろうと考えるようになった。もし古書の中に後人のことばが含まれていると見るや、ただちにそれが偽書であると指弾するならば、秦漢時代以前の書物にまともなものなどなくなってしまう。

この余嘉錫の言葉は、先秦時代の書物が、個人の著作物でなく、多くの関係者の手を経て集積されたものであることをいうが、王氏はそこに章学誠（特に『文史通義』言公篇に見られる、書物を公器とみなす考え方）からの影響が明確にある、と指摘している。これは正しい。

さらに王氏は、ここ数十年来、大量の簡帛資料が出土し、それらの研究がこぞって余嘉錫の説を参照し、それが「古代の書籍の規範を知るための金《きん》の鍵」とされていることを指摘しており、これもその通りである。

そういった余嘉錫氏の説については、以前、私が嘉瀬達男・内山直樹の両氏とともに訳した『古書通例』をお読みいただければ幸いである。現在、活況を呈している出土簡帛文献の研究では、しばしば同書が引用されることはすでに述べた。余氏はそういった資料の実物を見て理論を立てたわけではない。むしろ、章学誠から継承した目録学を基礎とし、さらに独自の体系を立てることに成功したのである。より遡って言えば、余氏は章学誠の目を通して劉向らの校書を研究することで、漢代以前の書物のあり方をリアルに推測し、そこで得られた結論が、二十世紀以降に出土した新資料の実物と符合する点が非常に多く、それゆえに大いに参照され、再び脚光を浴びている、という状況であると評価できよう。そのように考えると、劉向の意義を近現代に蘇らせたのは余氏の功績であったとも言える。

劉向らの校書の意義は、こういったところにも現れているのである。

第四節　目録学は本当に劉向が始めたのか

本書の「はじめに」において、目録学が「前漢の劉向に始まるという」とする辞典の説明を紹介し、その説明に私も同意すると言った。しかも本書のタイトルは「目録学の誕生」であって、ここに書いたことはほとんどすべて劉向・劉歆に関することばかりである。いまさら、「目録学は本当に劉向が始めたのか」と問うのはいささか無責任な気もするが、少し考えてみたい。

劉向・劉歆の仕事はというと、漢朝の秘書の整理であり、個別の秘書を校讐して底本を作成し、そのうえで目録を編み、そして学術史を記述し、それをすべて取りまとめて皇帝に奏上することであった。一方で今日、目録学というと、なぜ漢籍がそのように分類されるのかという問いとその答えを集積したものであり、そして、分類を実務上どのように運用するのかという方法論であるように思える。たとえば、井波陵一『知の座標』で説かれている目録学は、そのようなものであると言えよう。とすると、劉向・劉歆の目録学と後世の目録学と、両者の間には懸隔があるようでもある。

しかしながら、ほとんどすべての後世の目録学者は、目録学が劉向に発祥することを強調する。それはなぜなのだろうか。

劉向以来の目録編纂の実務とは別に、書目を読み解いてそこから目録学の理論を立てるという研究手法を、本章でも紹介した宋の鄭樵が確立した。むしろ、書籍と学術とを研究する学問を理屈立てて説明したのは鄭樵であると言ってもよいかも知れない。さらにその後、清代の章学誠が目録学理論を発展させ、民国時代の余嘉錫がそれを引き継いだというのが、私の見立てである。

とはいえ、鄭樵・章学誠・余嘉錫らの仕事を概観してみると、そのほとんどすべてが、劉向・劉歆の学術的な精神を発揮するものであると言えるのだ。

コラム

「言公」の読みづらさ

古代の言説や書物は個人に属する著作物ではなく、皆が共有する公器であった、というのが、章学誠の「言公（言説は公《おおやけ》のものであった）」説の骨子である。これをさらに余嘉錫氏が消化吸収し、古代における書物の規範として示した。余氏は、先秦時代の書物には特定の著者がおらず、そこには著作意識などなかったと論じ、前漢時代のある時期以降――司馬遷の頃――、はじめて個人著作の意識が現れたと考えた。

『七略』には著者が記されてはいなかった、とも余氏はいう。後世の目録には「『管子』十九巻、斉の相の管夷吾の撰」（隋志）などとあり、まるで管仲（字《あざな》は夷吾《いご》）という人物個人の著作であるようにいうが、確かに『七略』も漢志も「撰」「著」などとは記述しておらず、ただ管仲の伝記を載せるに過ぎない。また、出土文献にも、「誰それ撰」などとは書かれていない。その意味で、余氏の見立ては正しかった。

話を戻せば、これはもともと章学誠「言公」の説に由来するものだ。その著書『文史通義』内篇に、「言公」篇上・中・下があり、王汎森氏は近年の論文においてこれを高く評価した。

問題は、その「言公」の下篇がきわめて難解なことである。上と中は普通の文言文（漢語の文語文）で書かれているのに、下のみは辞賦《じふ》という特殊な文体で書かれているのだ。冒頭部分からして、「是に於て文林に泛濫《はんらん》し、芸苑《げいえん》に回翔し、形を離れて似たるを得、羈《おもがい》を弛《ゆる》め䩭《かわひも》を脱し、上は作者の指を窺い、下は時流の撰を掜《と》る」、という調子である。非常に読みづらいが、重要な内容も含まれている。

ここ数年、我々は京大人文研の読書会で、『文史通義』を読んで訳注を施しており、昨年この言公篇下を読んだのだが、非常に難渋し、ようやく今年、この篇の訳注が研究所の紀要、『東方学報』京都、第九三冊に載せられた。他の篇の何倍もの時間をかけて訳出しただけに、刊行が待ち遠しく、感慨もなおさらである。

終章　書物はなぜ必要なのか

本書においては、前漢末における劉向らの校書に焦点を当て、中国の書物観・学術観のいくつかの面を切り取ってきた。彼らの書物観は、後世に大きな影響を与え、中国文化のなかに、鬱然たる書物の大国を作り上げてきた。しかしながら、人間にとって書物とは一体、何なのか。無条件に手放しで称賛すべき価値を有するものなのか。どのような意味において書物は必要なのか。本書の末尾に、あえて問うてみたいと思う。

第一節　書物は聖人が遺した糟粕なのか

『荘子』天道篇に「読書」をめぐって、次のような説話がある。


斉の桓公が堂の上で書物を読んでいたとき、輪扁《りんぺん》（扁という名の車輪職人）が堂の下で車輪を作っていた。扁は槌と鑿をわきに置いて、堂に上がって桓公にたずねた。

「うかがいますが、殿がお読みになっているのは誰の言葉ですか」。

「聖人の言葉である」。

「聖人はいまも生きていますか」。

「もう亡くなっている」。

「では殿のお読みのものは、古人の糟粕《かす》ですね」。

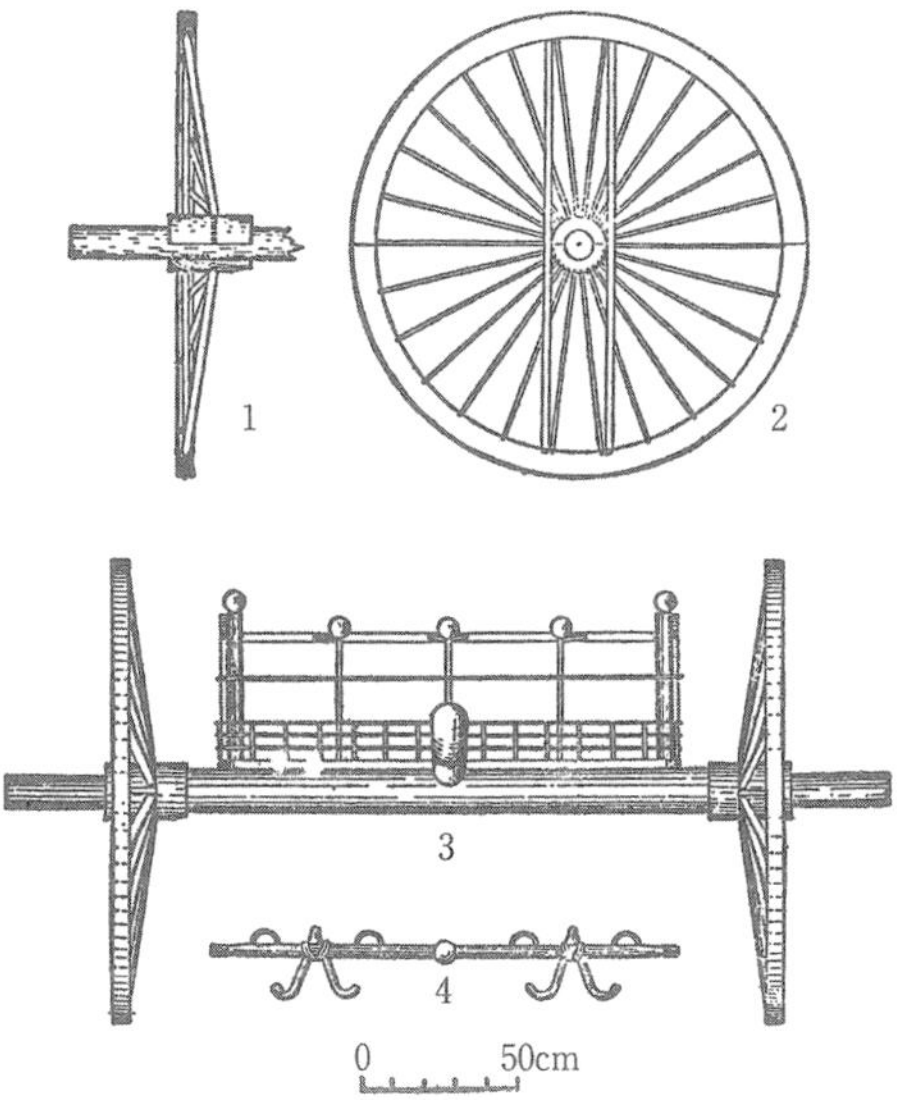

図19　春秋時代の車輪

桓公はむっとしていった。「寡人《わたくし》が書を読んでいるのに、車輪職人が口出ししてよいものか。考えあってならよいが、さもなければ死は免れないぞ」。

輪扁がいう、「ではわたくしは、自分の（車輪作りの）仕事で考えてみましょう。車輪の木を削るとき、削り方がゆっくりですと嵌め込みはゆるすぎてしっかりせず、削り方が早いと嵌め込みはきつすぎてうまく入りません。ゆっくりでもなく早くもないその加減は、これは手応えでとらえて得心するだけです。言葉では説明できないのですが、そこに何かコツ（原文は「数」）があるのです。自分の子どもにもそれを教えられませんし、また子どもの方もわたくしから教えてもらうことはできません。こんな具合で七十歳になって年老いてもまだわたくしは車輪を削っているのです。（一方、）いにしえの聖人は、その伝えることのできない体験とともに、すでにこの世を去っています。そうしますと、殿の読んでおられるのは、まったく古人の糟粕だということになりましょう」。

『荘子』を読んでこの部分に到ると、私はいつもそっと本を閉じて物思いにふけってしまう。その都度、衝撃を受けてしまうのである。「ああ、それは思いつかなかった」、と。何度読んでも同じ感想を抱く。

少年の頃、あまり勉強は得意でなかったが、それでも読書が好きで、借りたり買ったりしてよく本を読んだ。学校でも家庭でも、それが褒められることはあっても、叱られることはなかった。そういう環境や習慣のせいで、「読書はよい行為」と幼心に思っていた。ところが、この『荘子』の一節を読むたびにその常識が打ち破られるのである。

老いてなお車輪を作り続ける輪扁が言うことは、間違いなく一理ある。生きる上で大切なことは、言語を超えているがゆえに書物に書かれておらず、というより、書物に書き得ないものであり、だからこそ、本ばかり読んで済ますことはできない。ましてや、本を読むだけで賢人の智慧を体得したつもりになるなど、愚かしい妄想でしかない。頭の半分しか使っていないのに、賢くなったつもりでいる。輪扁の口を借りて、「君の読む所の者は、古人の糟魄なるのみ」と、『荘子』は痛烈にそれを喝破した。

『荘子』のこの説話が作られた頃の中国の各地において、君主たちは竹簡に書かれた本を競うように読んで智慧を体得すべく努力したことであろう。後に秦始皇帝となる嬴政《えいせい》も、秦王であった頃に「孤憤《こふん》・五蠹《ごと》（いずれも『韓非子』の篇名）の書」を読んで、「ああ、寡人、此の人を見て之と与《とも》に遊ぶを得ば、死しても恨みざらん」と嘆じたという（『史記』老子韓非列伝）。韓非が存命中の同時代人であることを知らず「古人」の書だと思って読んでいたのである。

時代は下って秦漢時代ともなると、それなりに字を読める人々は増えていったはずである。両漢時代の識字率についてはもちろん未詳であるが、宮宅潔氏「秦漢時代の文字と識字」という、よい概括があり、そこに秦漢代の「識字率を過剰に見積もることはできないものの、とはいえ、そこでは殆どの人間が文字をまったく読めず、一握りの官僚やその予備軍たる知識階層のみがそれが独占していたとイメージするのも、また正しくない」(『漢字の中国文化』、一九五頁)というのは、妥当であろう。そして、字を読める人間が増えれば、書物を読む読者層がそれなりには存在したと推測できよう。読書が時代を追うごとにより一般化したとすれば、輪扁の考え方をよそに、中国の人々はますます本を読み、より読書という行為に親しんでいったことになる。

ひいては四庫全書というひとつの象徴を見れば分かるように、中国の書物文化は巨大化を遂げ、あたかもそれが中国文化を代表するかのようでもある。そうではあっても、輪扁が斉の桓公に告げた「古人の糟粕(糟魄)」の一言は、いささかの曖昧さもなく、現代の読書家たちにまで衝撃を与え続けているのだ。

第二節　劉向の思い

劉向はどのような思いを抱き、禁中の蔵書を整理していったのであろうか。校書に限ったことではないが、重ね重ね上奏文を執筆し、皇帝の正しい行動をうながした劉向について、「宗室の一員としての忠誠心ないしは皇室より受けた恩徳への報恩の念」があると、池田秀三氏は言う（『説苑』解説、二八頁）。また、劉向が校書の過程において編纂した産物である『列女伝』『新序』『説苑』についても、池田氏は「漢王朝の永続を願い、王氏打倒を夢見た」劉向の願いを見て取った。このような皇帝に対する思いは、上奏文の形式をとって書かれた、校書の記録たる「序録」においても、表明されている。たとえばすでに見た「荀卿書録」の「嗚呼、斯の人をして卒に閭巷に終わり、而して功業を世に見《あらわ》るるを得ざらしむ。哀しきかな、為に涕を霣《おと》すべし。其の書は記伝に比し、以て法と為すべし」という言葉には、同書を皇帝の治世の「法」たらしめんとする強い願いが込められていると読むことができよう（一五七頁参照）。同じく「管子書録」の「凡そ『管子書』は、富国安民に務め、道は約にして言は要なり、以て経義に暁合すべし」というように、六芸の意義をより鮮明に発揮させ、政治に活用しようという意図のもとに『管子』の書を校したものなのであろう。

劉向は、輪扁の発した「古人の糟粕」とどのように向き合うのだろうか。輪扁に言わせれば、劉向の『列女伝』『新序』『説苑』も、彼の校書した書物も、みなおしなべて「古人の糟粕」ということになる。この考え方を劉向が共有するとは決して思われない。何より、彼には六芸への深い信頼があり、そこが揺らぐことはないと思われるからである。それは前漢時代が育んできた六芸への尊崇が結晶したものである。劉向に限らず、前漢時代の多くの知識人に、もう輪扁の声に耳を傾ける余地はなかった。

後漢末の史家、荀悦《じゅんえつ》が執筆した『前漢紀』孝成皇帝紀、河平三年の条には、劉向校書に関して長文の劉向説が引用されており（ただしそこには劉向死後の内容も書かれており、すべてが劉向の語だとは到底思えない）、それ自体も『漢書』芸文志と対照させる資料として貴重であるが、その後に付せられた荀悦の案語もまた後漢時代の一知識人の書物観を表すものとして興味深い。

そこで荀悦は、『周易』説卦伝の「天の道を立つ、曰く陰と陽。地の道を立つ、曰く柔と剛。人の道を立つ、曰く仁と義」という文を引いて、さらに「之を当時に施せば則ち道徳と為り、之を後世に垂るれば則ち典経と為る」という。この文章は、劉向校書を称えるものなので、そこにいわれる「典経」とは書物としての儒家経典を指すものと読める。

さらに荀悦は続けて、このようにいう。

子路《しろ》は「どうして読書してその後で学んだとみなす必要がありましょうか」（『論語』先進）と言い、棘子成《きょくしせい》は「君子は質朴であるのが大切だ。文飾など無意味だ」（『論語』顔淵）と言った。地面の穴に潜っている者には天の明るさが見えず、冬の枯れた木を世話する者は夏に咲く花を知らぬもの。これはあたりを広く照らすよい方法ではない（読書せぬ者は見通しがきかない）。……武帝の時代になると、董仲舒が孔子の教えをおしひろめて尊崇し、諸子百家を抑えた。劉向父子が経籍（原文も「経籍」）の校讐をつかさどると、新旧の教えが分かれ、諸子の九流は区別され、典籍（原文も「典籍」）の意義はますます明らかとなった。

書物を軽んじた子路らの意見を退け、書物の意義を認めた後、武帝の時代に董仲舒が儒教を宣揚したことと並べ、「典籍益々明らかなり」と、劉向父子の校書を大いに称えている。後漢時代を通じ、儒教はすっかり士大夫の価値観に定着し、その経典を中心に据えた書物の体系たる「経籍」が重んじられるようになっており、しかもその「経籍」を確定し学術を分類した功労者として劉向らが華々しく顕彰されたのであった。

第三節　書物肯定と否定のはざま

私は日本の国籍をもって昭和の後半期に生まれた者であり、祖国の文化を輝かすために中国文化を学ぶのでもなければ、江戸時代の儒者のように儒教を信奉して中国古典を読んでいるわけでもない。それでも高校生の頃に『荘子』の訓読文を読んで感動し、それまでにない読書体験を味わい、これをまともに読むにはまず現代の中国語を習得する必要があると聞いてさっそく拼音《ピンイン》を習い覚え、その後、大学で勉学を積んで研究職につき、その間、大きな絶え間もなく中国古典に触れてきた。こう書くと特に苦労もない人生のようだが、心の底流には、「何のために中国古典を読むのか」という問いが常にわだかまっているように思われる。

読みたくないという意味ではない。自分がそれらを読む意味がないのではないかという疑いでもない。やはり輪扁の言葉が気にかかるのだ、「古人の糟粕」、というその言葉が。

その一方で、中国の書物文化やそれに関する研究を知るようになり、目録学と出会い、友人たちと余嘉錫の研究なども翻訳し、いまも章学誠『文史通義』を多くの研究班員とともに訳している。中国の書物の歴史における劉向の大きさは、いやでも認識させられる。と同時に、中国の書物文化それ自体が持つ豊穣さに気づかされてきた。

輪扁の言葉に肯く気持ちと、それを拒否して書物の価値を力強く認めたいような気持ちと、その両方が一個人のなかにともにある。

輪扁の言葉を聞いた斉の桓公は、何と答えたのか。何を思ったか。輪扁を処刑したのか。『荘子』には何も書かれていない。桓公は口ごもったのではないだろうか。私は口ごもったままの桓公の心をもらい受けてきたように暮らしている。

しかしどうやら、輪扁の言葉を遮ってでも、劉向の大きさを語りたいという思いが勝ったようで、それが本書の筆を執る動機となったという次第である。

主要資料

『十三経注疏』、芸文印書館、一九七九年。

『論語集釈』（程樹徳集釈・程俊英・蔣見元点校）、中華書局、一九九〇年。

『宋本説文解字』、国家図書館出版社、二〇一七年。

『説文解字注』（段玉裁注）、芸文印書館、一九五五年。

『史記』、中華書局（点校本二十四史修訂本）、二〇一三年。

『漢書』、中華書局、一九六二年。

『漢書補注』（王先謙補注、上海師範大学古籍整理研究所整理）、上海古籍出版社、二〇〇八年。

陳直『漢書新証』、天津人民出版社、一九七九年。

『隋書』、中華書局、一九七三年。

『両漢紀』（張烈点校）、中華書局、二〇〇二年。

『国語集解』（徐元誥注、王樹民・沈長雲点校）、中華書局、二〇〇二年。

『漢官六種』（孫星衍等輯、周天游点校）、中華書局、一九九〇年。

『三輔黄図校釈』（何清谷校釈）、中華書局、二〇〇五年

姚振宗『七略別録佚文・七略佚文』（鄧駿捷校補）、上海古籍出版社、二〇〇八年。

姚振宗『七略別録佚文』『七略佚文』『漢書芸文志条理』『漢書芸文志拾補』『隋書経籍志攷証』、浙江省立図書館珍本叢刊発行所、一九二九～三一年、快閣師石山房叢書。

章太炎『膏蘭室札記・詁経札記・七略別録佚文徴』、上海人民出版社、二〇一四年、『章太炎全集』に収める。

王応麟『漢芸文志攷証』（『玉海』附刻本）、「二十五史補編」開明書店、一九三六年、所収。

顧実『漢書芸文志講疏』、上海古籍出版社、一九八七年。

陳国慶『漢書芸文志注釈彙編』、中華書局、一九八三年。

鈴木由次郎訳『漢書芸文志』、明徳出版社、一九六八年。

『七録輯証』（任莉莉輯証）上海古籍出版社、二〇一一年。

興膳宏・川合康三『隋書経籍志詳攷』、汲古書院、一九九五年。

鄭樵『通志二十略』（王樹民点校）、中華書局、一九九五年。

章学誠『校讐通義通解』（王重民通解）、上海古籍出版社、一九八七年。

章学誠『文史通義校注』（葉瑛校注）、中華書局、一九八八

五年。

『四庫全書総目』、中華書局、一九六五年。

『荀子集解』（王先謙集解、沈嘯寰・王星賢点校）、中華書局、一九八八年。

『論衡校釈（附劉盼遂集解）』（黄暉校釈）、中華書局、一九九〇年。

『困学紀聞注』（翁元圻注、孫通海点校）、中華書局、二〇一六。

『韓非子集解』（王先慎集解、鍾哲点校）、中華書局、一九九八年。

『呂氏春秋校釈』（陳奇猷校釈）、学林出版社、一九八四年。

『荘子集釈』（郭慶藩集釈、王孝魚点校）、中華書局、一九六一年。

『文選』（附攷異）、芸文印書館、一九五五年。

参考文献一覧

本書全体に関わるもの

銭穆「劉向歆父子年譜」、『燕京学報』七、一九三〇年。

のち、銭氏『両漢経学今古文平議』（『銭賓四先生全集』甲編八）、聯経出版事業公司、一九九八年、所収。

徐興無『劉向評伝――附 劉歆評伝』、南京大学出版社、二〇〇五年。

池田秀三「劉向の学問と思想」、『東方学報』京都、第五〇冊、一九七八年。

下見隆雄『劉向『列女伝』の研究』、東海大学出版会、1989年。

池田秀三『説苑――知恵の花園』、講談社、一九九一年。

金谷治「『漢書』芸文志の意味」、『文化（東北大学文学会）』第二〇巻第六号、一九五六年。

戸川芳郎「芸文志――偶談の余（三）」、『漢文教室』第一〇六号、一九七三年。

古勝隆一「後漢魏晋注釈書の序文」、『東方学報』京都、第七三冊、二〇〇一年。のち『中国中古の学術』、研文出版、二〇〇六年、に収める。

内山直樹「『七略』の体系性をめぐる一考察」、『千葉大学人文研究』第三九号、二〇一〇年。

嘉瀬達男「『漢書』芸文志・詩賦略と前漢の辞賦」、『日本中国学会報』第六七号、二〇一五年。

徐建委『文本革命――劉向、『漢書・芸文志』与早期文本研究』、中国社会科学出版社、二〇一七年。

秋山陽一郎『劉向本戦国策の文献学的研究――二劉校書研究序説』、朋友書店、二〇一八年。

秋山陽一郎「劉向・劉歆校書事業における重修の痕跡(上)――『山海経』と「山海経序録」の事例から」、『中国古代史論叢』第八号、二〇一五年。

姚名達『目録学』、商務印書館（万有文庫）、一九三三年。

姚名達『中国目録学史』、商務印書館（中国文化史叢書）、一九三八年。

姚名達『中国目録学年表』、商務印書館（国学小叢書）、一九四〇年。

余嘉錫『目録学発微』、中華書局、一九六三年（日本語訳は、古勝隆一・嘉瀬達男・内山直樹訳注『目録学発微――中国文献分類法』、平凡社、東洋文庫、二〇一三年）

汪辟疆『目録学研究』、商務印書館、一九三四年。

内藤湖南「支那目録学」、『内藤湖南全集』巻一二、筑摩書房、一九七〇年、所収。

倉石武四郎『目録学』、東京大学東洋文化研究所附属東洋学文献センター刊行委員会、一九七三年。

余嘉錫『四庫提要弁証』、中華書局、一九七四年。

余嘉錫『古書通例』、上海古籍出版社、一九八五年（日本語訳は、古勝隆一・嘉瀬達男・内山直樹訳注『古書通例――中国文献学入門』、平凡社、東洋文庫、二〇〇八年）。

程千帆・徐有富『校讐広義目録編』、斉魯書社、一九八八年（日本語訳は、向嶋成美・大橋賢一・樋口泰裕・渡邉大訳『中国古典学への招待――目録学入門』、研文出版、二〇一六年）。

清水茂『中国目録学』、筑摩書房、一九九一年。

川原秀城、『中国の科学思想――両漢天学考』（中国学芸叢書）、創文社、一九九六年。

井波陵一『知の座標――中国目録学』、白帝社、二〇〇三年。

古勝隆一・宇佐美文理・永田知之『目録学に親しむ――漢籍を知る手引き』（京都大学人文科学研究所附属東アジア人文情報学研究センター編）、研文出版、二〇一七年。

狩野直喜『両漢学術考』、筑摩書房、一九六四年。

吉川幸次郎「支那人の古典とその生活」、『吉川幸次郎全集』第二巻、筑摩書房、一九六八年、所収。

狩野直喜『漢文研究法』、みすず書房、一九七九年。
李万健『中国著名目録家伝略』、書目文献出版社、一九九三年。
The Cambridge history of Chinese literature, by Kang-i Sun Chang and Stephen Owen; v. 1, Cambridge University Press, 2010.
程蘇東『従六芸到十三経——以経目演変為中心』、北京大学出版社、二〇一八年。

序章

増井経夫『中国史——そのしたたかな軌跡』、三省堂、一九八一年。

倪其心『校勘学大綱』、北京大学出版社、一九八七年（日本語訳は、橋本秀美・鈴木かおり訳、『校勘学講義——中国古典文献の読み方』アルヒーフ、二〇〇三年）。

池田秀三「「序在書後」説の再検討」、『東方学報』京都、第七三冊、二〇〇一年。

江辛眉『校讐蒙拾』、海豚出版社、二〇一四年。

游逸飛「里耶秦簡所見的洞庭郡——戰国秦漢郡縣制個案研究之一」、『中国文化研究所学報』第六一期、二〇一五年。

第一章

范文瀾『中国通史簡編』第二編、新華書店、一九五八年。

保科季子「漢代における「道術」の展開——経学・讖緯・術数」、『史林』第八三巻第五号、二〇〇〇年。

古勝隆一「『隋書』経籍志史部と『史通』雑述篇」、『東方学報』京都、第八五冊、二〇一〇年。

第二章

金谷治「『荘子』天下篇の意味——体系的な哲学的著述として」、『文化（東北大学文学会）』第一六巻第六号、一九五二年。

池田知久『馬王堆漢墓帛書五行篇研究』、汲古書院、一九九三年。

吉川忠夫「史書の伝統——『史記』から『帝王世紀』まで」、『しにか』六巻四号、大修館書店、一九九五年。後、同氏『読書雑志——中国の史書と宗教をめぐる十二章』、岩波書店、二〇一〇年、所収。

三浦國雄『風水講義』、文藝春秋、二〇〇六年。

末永高康『性善説の誕生――先秦儒学思想史の一断面』、創文社、二〇一五年。

第三章

銭穆「両漢博士家法考」、『両漢経学今古文平議』(『銭賓四先生全集』甲編八)、聯経出版事業公司、一九九八年、所収。

福井重雅「儒教成立史上の二三の問題――五経博士の設置と董仲舒の事蹟に関する疑義」、『史学雑誌』第七六編第一号、一九六七年。

辺土名朝邦「石渠閣論議の思想史的位置づけ――穀梁学および礼義奏残片を通じて」、『哲学年報(九州大学)』第三六輯、一九七七年。

福永光司「劉向と神仙――前漢末期における神仙道教的世界」、『中哲文学会報』第四号、一九七九年。のち、福永光司『道教思想史研究』、岩波書店、一九八七年、に収める。

福井重雅「漢代賢良方正科考」、『東洋史研究』第四三巻第三号、一九八四年。

角谷常子「『塩鉄論』の史料的性格――桓寛のよった資料を求めて」、『東洋史研究』第四七巻第二号、一九八八年。

福井重雅「六経・六芸と五経――漢代における五経の成立」、同氏『漢代儒教の史的研究――儒教の官学化をめぐる定説の再検討』、汲古書院、二〇〇五年、所収。

沈文倬「黄龍十二博士的定員和太学郡国学校的設置」、『宗周礼楽文明考論』(増補本)、浙江大学出版社、二〇〇六年、所収。

保科季子「近年の漢代「儒教の国教化」論争について」、『歴史評論』第六九九号、二〇〇八年。

冨谷至『文書行政の漢帝国――木簡・竹簡の時代』、名古屋大学出版会、二〇一〇年。

小島毅『儒教の歴史』、山川出版社、宗教の世界史五、二〇一七年。

第四章

楊樹達「『漢書』所拠史料考」、同氏『積微居小学金石論叢』巻五、科学出版社、一九五五年、所収。

厳耕望「秦漢郎吏制度考」、『中央研究院歴史語言研究所集刊』第二三期上、一九五一年。のち、『厳耕望史学論文選集』、聯経出版事業、一九九一年、所収。

大庭脩『秦漢法制史の研究』、創文社、一九八二年。

戸川芳郎「門下の侍中と郎中」(上)、『漢文教室』第一一六号、一九七六年。

戸川芳郎「門下の侍中と郎中」(下)、『漢文教室』第一一七号、一九七六年。

戸川芳郎「後漢を迎える時期の元気」、『気の思想――中国における自然観と人間観の展開』、東京大学出版会、一九七八年。

戸川芳郎「貂蟬――蟬賦と侍臣」、『加賀博士退官記念中国文史哲学論集』講談社、一九七九年、所収。

福井重雅「石渠閣論議考」、『牧尾良海博士喜寿記念 儒仏道三教思想論攷』、山喜房仏書林、一九九一年、所収。

保科季子「前漢後半期における儒家礼制の受容」、『方法としての丸山真男』、青木書店、一九九八年、所収。

閻歩克『従爵本意到官本位』、生活・読書・新知三聯書店、二〇〇九年。

内山直樹「伝記と口説――漢代春秋学への一視点」、『中国文化』七一号、二〇一三年。

保科季子「漢代における経学議論と国家儀礼――釈奠礼の成立に向けて」、『東洋史研究』第七四巻第四号、二〇一六年。

松島隆真『漢帝国の成立』、京都大学学術出版会、二〇一八年。

南部英彦「劉歆の三統説・六芸観とその班固『漢書』への影響――「天人の道」の分析を通して」、『山口大学教育学部研究論叢』第六七巻、二〇一八年。

岩本憲司『春秋学用語集補編』、汲古書院、二〇一八年。

第五章

金文京「中国目録学史上における子部の意義――六朝期目録の再検討」、『斯道文庫論集』第三三輯、一九九九年。

虞万里「『老子指帰校箋』序」(厳遵撰・樊波成校箋『老子指帰校箋』、上海古籍出版社、二〇一三年)

第六章

蔣復璁「漢代的図書館」(上・中・下)、『大陸雑誌』一九六三年、八・九・一〇号。

二川幸広「西漢蒐書攷——漢代図書館成立の歴史的背景」、『図書館界』第三二巻第四号、一九八〇年。

『漢長安城未央宮——一九八〇～一九八九年考古発掘報告』、中国大百科全書出版社、一九九六年。

嘉瀬達男「『漢書』楊雄伝所収「楊雄自序」をめぐって」、『学林』第二八・二九合併号、一九九八年。

青木俊介「漢長安城未央宮の禁中——その領域的考察」、『学習院史学』第四五号、二〇〇七年。

第七章

木村英一「術数学の概念とその地位」、『東洋の文化と社会』第一輯、一九五〇年。

関口順『儒学のかたち』、東京大学出版会、二〇〇三年。

李建民『生命史学——従医療看中国歴史』、三民書局、二〇〇五年。

大野裕司『戦国秦漢出土術数文献の基礎的研究』、北海道大学出版会、二〇一四年。

川原秀城『数と易の中国思想史——術数学とは何か』、勉誠出版、二〇一八年。

武田時昌『術数学の思考——交叉する科学と占術』、臨川書店、二〇一八年。

第八章

戸川芳郎「四部分類と史籍」、『東方学』第八四輯、一九九二年。

井上進「四部分類の成立」、『名古屋大学文学部研究論集 史学』第四五号、一九九九年。

井波陵一「六部から四部へ——分類法の変化が意味するもの」、冨谷至編『漢字の中国文化』、昭和堂、二〇〇九年、所収。

榎本淳一「中日書目比較考——『隋書』経籍志の書籍情報を巡って」、『東洋史研究』第七六巻第一号、二〇一七年。

第九章

原田信「鄭樵「図譜略」の著述意図について」、『早稲田大学大学院文学研究科紀要』第二分冊、第五八号、二〇一二年。

王汎森『権力的毛細管作用——清代的思想、学術与心態』（修訂本）、北京大学出版社、二〇一五年。

終章

宮宅潔「秦漢時代の文字と識字」、冨谷至編『漢字の中国文化』、昭和堂、二〇〇九年、所収。

あとがき

我が国最古の書籍目録は、平安時代に作られた藤原佐世《すけよ》の『日本国見在書目録』で、主に漢籍を録したものであり、同書は唐代初期に編まれた『隋書』経籍志を手本として作られた。本邦の知識人と漢籍目録とのつきあいは、浅くないわけである。その後、江戸時代後期には、「鎖国」の時代にも関わらず当時の最先端の目録である『四庫全書総目提要』（一七八二年成書）が間もなく伝えられて、当時の考証学者、松崎慊堂《こうどう》（一七七一―一八四四）がそれを熱心に読んだことが、彼の日記『慊堂日暦』（平凡社、東洋文庫、所収）から知られもする。

近代の日本の学界に中国目録学をあらためて紹介したのは、島田重礼（一八三八―一八九八）であり（「目録の書と史学との関係」、『史学雑誌』第三九号、一八九三年）、それ以後、狩野直喜や内藤湖南、そして倉石武四郎らが、中国学を基礎づける方法論として大いにそれを広めた。日本の中国学研究において、その教えはしっかりと根づいた。

そういった先学たちのおかげで、私も大学生の頃に目録学に接することができた。まもなく、その精髄を伝える余嘉錫『古書通例』に出会い、その後、十数年を経て、同好の士とともに同書を訳出して出版することができたのは（古勝隆一・嘉瀬達男・内山直樹訳注『古書通例――中国文献学入門』、平凡社、東洋文庫、二〇〇六年）、まことにありがたいめぐりあわせであった。

そして今回、機会を得て、「京大人文研東方学叢書」の一冊として目録学に関する書をまとめる予定を立てたのであるが、日本語で読める目録学概説の類はすでに複数あることを考慮し、通史的・概説的な記述は避けることにして、特に劉向・劉歆に焦点を当てたものを書こうと思い立った。しかし私自身は、前漢時代についてはほとんど論文を公表したこともなく、かなり基礎的なところから資料と先行研究とを読みながら、本書を書き進めざるをえなかった。なるべく誤ったこと、歪んだことを書かないように、そのための勉強にはある程度の時間をかけたつもりではある。

執筆に際して心がけたのは、第一に、原資料を多く紹介すること、第二に、先行研究を引用することであった。本書で取り上げた範囲の前漢時代について言えば、近年、研究論文や専著も多く、ことに最近、秋山陽一郎氏『劉向本戰國策の文献学的研究――二劉校書研究序説』も出版された。しかし、研究がかなり多く蓄積されてきたとはいえ、多くの読者にとっては、まだまだ縁遠いものと感じられるかも知れない。そこで本書では、論文や学術書から重要な記述をふんだんに引用することを通じ、読者にも、中国学の研究を読むことに興味を持っていただけないものかと考えたのである。研究といっても、通読できないほど難しいものばかりではない。また近頃では専門的な論文をインターネット経由で自由に読むことも可能になりつつある。本書がさらなる読書への橋渡しの役を担うことができればと願っている。

もうひとつ、これはきわめて個人的なことだが、本書の執筆に際し常に私の念頭にあったのは、弟、古勝亮のことである。私より七歳年少で、家父や私と同じく中国学の道を志しており、京都大学大学院文学研究科に学んで、かなり苦労してようやく博士学位請求論文を書き終えたのだが、その提出から一週間もたたぬ昨年四月五日、蜘蛛膜下出血という病に倒れ、その十日後には家族の願いもむなしく亡くなってしまった。享年、三十九歳。私にとって兄弟というばかりでなく、みずからの学生、同僚、研究仲間でもある特別な存在であり、突然の別離の衝撃はあまりに大きく、いまなお失意のうちにある。

このような苦痛にさいなまれつつ本書を書きながら、常に私が語りかける想像の中の読者は、弟その人であった。弟は生前、よく口にしていた。兄である私の目指す学問は分かりづらい、真意が伝わりづらい、と。しかしそれでも辛抱強く私の話に耳を傾け、目録学がいまなお生きた学問であることを認めてくれるようになり、自分自身も中国禅の基礎に目録学や校勘学をすえた研究を目指したいと言っていた。弟は本書を読んで何と言うだろうか。「兄ちゃんの言うことは、やっぱり分からんよ」と、そう言って苦笑するような気もする。一通りの内容を書き終えたいま、気にかかるのは弟の感想なのである。

最後に、こうして本書を世に問うことができたのは、臨川書店編集部の工藤健太氏の支えによることを一言述べたい。工藤氏が励ましてくださったおかげで、苦難にくじけず辛うじて本書を仕上げることができた。篤くお礼申し上げる。

平成三十年十二月

古勝隆一

索　　引

あ行

か行

さ行

た行

な、は行

ま、や行

ら、わ行

関連年表

（＊本書に関することを中心とした簡易な年表）

秦始皇帝	始皇三十四年（前213）	李斯の上奏を用いて焚書を行う。
漢高祖（劉邦） 前206－前195	漢王元年（前206） 漢七年（前200）	蕭何、咸陽にて秦の丞相・御史の律令図書を接収。 長楽宮が落成し、叔孫通がその詳細な礼儀を制定。
恵帝（劉盈） 前195－前188	恵帝四年（前191）	挾書律が廃止される。
高后（呂雉） 前188－前180	高后二年（前186）	利蒼（長沙馬王堆漢墓の墓主）、卒す。
文帝（劉恒） 前180－前157	文帝二年（前178）	この頃、楚元王劉交、卒す。
景帝（劉啓） 前157－前141	景帝三年（前154）	呉楚七国の乱。
武帝（劉徹） 前141－前87	建元二年（前139） 建元五年（前136） 元光六年（前129） 元朔五年（前124） 元狩元年（前122） 元封元年（前110） 太初元年（前104） 征和二年（前91） 後元二年（前87）	淮南王劉安、『淮南子』を武帝に献上。 五経博士を置く。 河間献王劉徳、卒す。武帝、衛青らに命じて匈奴を討たせる。 公孫弘の意見に従い、博士官に五十人の弟子を置く功令を発布。 劉安、自殺。 均輸法・平準法を本格的に施行。 太初暦の発布。 戾太子劉拠、巫蠱の乱を起こす。 この頃、司馬遷、卒す。
昭帝（劉弗陵） 前87－前74	始元二年（前85） 始元六年（前81） 元鳳元年（前80） 元鳳二年（前79）	劉辟彊（劉向の祖父）、宗正となり、数ヶ月後に卒す。 塩鉄会議。 劉徳（劉向の父）、宗正となる。 劉向、生まれる。
宣帝（劉詢） 前74－前49	地節二年（前68） 五鳳二年（前56） 甘露元年（前53）	劉向、輦郎となる。 劉向、黄金偽造事件を起こす。 揚雄、生まれる。

	甘露三年（前51） 黄龍元年（前49）	石渠閣会議が開かれ、劉向も参加。劉向、郎中給事黄門となり、さらに散騎諫大夫給事中となる。 十二博士を設置。
元帝（劉奭） 前48－前33	初元元年（前48） 初元三年（前46） 初元四年（前45）	劉向、散騎宗正給事中となる。 劉向、免官されて庶人となる。蕭望之、自殺。 王莽、生まれる。
成帝（劉驁） 前33－前7	建始元年（前32） 河平三年（前26） 陽朔二年（前23） 永始元年（前16） 元延三年（前10） 綏和元年（前8） 綏和二年（前7）	劉向、あらためて中郎となり、領護三輔都水、光禄大夫に遷る。 成帝、陳農に訪書を、劉向に校書を命ずる。劉向『洪範五行伝論』を献上。 劉向、この頃、中塁校尉となる。 劉向、『列女伝』『新序』『説苑』をたてまつる。 任宏、大僕となる。 劉向、卒す、年七十二歳。 三月に成帝が崩じ、翌月、哀帝が即位。その後、劉歆、侍中太中大夫となり、さらに騎都尉奉車光禄大夫に遷る。父の業を継いで校書することを命じられる。三統暦の発布。
哀帝（劉欣） 前7－前1	建平元年（前6）	劉歆「太常博士を責むるの書」を書く。劉歆、名を秀と改める。
平帝（劉衎） 前1－後5	元寿二年（前1） 元始元年（後1）	劉歆、右曹太中大夫となり、中塁校尉に遷る。この頃、『七略』成る。 王莽が安漢公となる。劉歆が羲和の官に就く。
孺子（劉嬰） 6－8	居摂元年（6）	王莽、摂皇帝となる。
新王莽9－23	始建国二年（10） 天鳳五年（18） 地皇四年（23）	甄尋、劉棻（劉歆の子）、誅せられる。 揚雄、卒す。 劉歆、自殺。

図版出典一覧

カバー【図 0】校書俑＝西晋青磁校書俑（高さ 17.2 cm、湖南省博物館）
序　章【図 1】馬王堆漢墓出土の遣策＝湖南省博物館・湖南省文物考古研究所『長沙馬王堆 2、3 号漢墓・第 1 巻・田野考古發掘報告』、文物出版社、2004 年、図版 25。
序　章【図 2】『説文解字』の「儒」字＝『宋本説文解字』第 2 冊、122 頁。
第一章【図 3】馬王堆漢墓出土の竹簡の束＝『長沙馬王堆一号漢墓』、文物出版社、1973 年、下冊、270 番。
第三章【図 4】『姓解』（北宋刊本）＝国立国会図書館が公開するウェブ画像。
第三章【図 5】銅羽人＝『中国美術全集』雕塑編二（秦漢雕塑）、人民美術出版社、1985 年、76 頁。
第三章コラム【図 6】『説文解字』に見える埶と芸＝『説文解字注』
第三章コラム【図 7】殷代の青銅器に現れた「埶」＝『古文字類編』（増訂本）、上海古籍出版社、2008 年、411 頁。
第四章【図 8】劉向関連系図＝『劉向評伝』479 頁により作図。
第五章【図 9】姚振宗『七略別録佚文』手稿本＝『続修四庫全書』第 916 冊、上海古籍出版社。
第六章【図 10】荀子書録＝中国国家図書館蔵宋浙刊本、文物出版社、1976 年。
第六章【図 11】戦国策書録＝士礼居叢書、嘉慶八年。
第六章【図 12】前漢長安城地図＝『漢長安城未央宮』、中国大百科全書出版社、1996 年、4 頁。
第六章【図 13】天禄閣（上）、石渠閣の現状＝同上、図版 6。
第六章【図 14】前漢時代の銅製の燭台＝『中国美術全集』雕塑編 2（秦漢雕塑）、人民美術出版社、1985 年、71 頁。
第七章【図 15】六分類の構造＝川原秀城著『数と易の中国思想史』、勉誠出版、2018 年、19 頁。
第八章【図 16】班固関連系図＝新たに製作。
第九章【図 17】馬王堆漢墓出土「駐軍図」（復元）＝湖南省博物館・湖南省文物考古研究所『長沙馬王堆 2、3 号漢墓・第 1 巻・田野考古發掘報告』、文物出版社、2004 年、100 頁。
第九章【図 18】尹湾漢墓出土の木牘＝『尹湾漢墓簡牘』、中華書局、1997 年、24 頁。
終　章【図 19】春秋時代の車輪＝林巳奈夫著、岡村秀典編『中国古代車馬研究』、臨川書店、2018 年、296 頁。

古勝隆一（コガチ　リュウイチ）

1970 年、東京生まれ、福岡県出身。東京大学大学院人文社会科学研究科博士課程修了後、京都大学人文科学研究所助手、千葉大学文学部助教授を経て、現在は京都大学人文科学研究所准教授。東京大学博士（文学）、専攻は中国古典学。主な著書・訳書に『中国中古の学術』（研文出版、2006）、余嘉錫『目録学発微』（平凡社　東洋文庫、2013）、井筒俊彦『老子道徳経』（慶應義塾大学出版会、2017）などがある。

目録学の誕生
劉向が生んだ書物文化

京大人文研東方学叢書 6

平成三十一年二月二十八日　初版発行
令和二年八月三十日　第二刷発行

著者　古勝隆一
発行者　片岡敦
印刷製本　尼崎印刷株式会社

606-8204　京都市左京区田中下柳町八番地
発行所　株式会社　臨川書店
電話（〇七五）七二一-七一一一
郵便振替　〇一〇七〇-二-八〇〇

落丁本・乱丁本はお取替えいたします
定価はカバーに表示してあります

ISBN 978-4-653-04376-8　C0322　
［ISBN 978-4-653-04370-6　セット］

京大人文研東方学叢書　刊行にあたって

京都大学人文科学研究所、通称「人文研」は、現在東方学研究部と人文学研究部の二部から成り立っている。前者の東方学研究部は、一九二九年、外務省のもとで中国文化研究の機関として発足した東方文化学院として始まり、東方文化研究所と改名した後、一九四九年に京都大学の附属研究所としての人文科学研究所東方部になり今日に至っている。

第二次世界大戦をはさんでの九十年間、北白川のスパニッシュロマネスクの建物を拠点として東方部は、たゆまず着実に東方学の研究をすすめてきた。いうところの東方学とは、中国学（シノロジー）、つまり前近代中国の思想、文学、歴史、芸術、考古などであり、人文研を中心としたこの学問は、「京都の中国学」、「京都学派」と呼ばれてきたのである。今日では、中国のみならず、西アジア、朝鮮、インドなども研究対象として、総勢三十人の研究者を擁し、東方学の共同利用・共同研究拠点としての役割を果たしている。

東方学研究部には、国の内外から多くの研究者が集まり共同研究と個人研究をすすめ、これまで数多くの研究成果を発表してきた。ＺＩＮＢＵＮの名は、世界のシノロジストの知るところであり、本場中国・台湾の研究者が東方部にきて研究をおこなうということは、まさに人文研東方部が世界のトップクラスに位置することを物語っているのだ、と我々は自負している。

夜郎自大という四字熟語がある。弱小の者が自己の客観的立場を知らず、尊大に威張っている意味だが、以上のべたことは、夜郎自大そのものではないかとの誹りを受けるかもしれない。そうではないことを証明するには、我々がどういった研究をおこない、その研究のレベルがいかほどのものかをひろく一般の方に知っていただき、納得してもらう必要がある。

別に曲学阿世という熟語もある。この語の真の意味は、いい加減な小手先の学問で、世に迎合するということで、その逆は、きちんとした学問を身につけて自己の考えを述べることであるが、人文研の所員は毫も曲学阿世の徒にあらずして、正学をもって対処してきたこと、正学がいかに説得力をもっているのかも、我々は世にうったえて行かねばならない。

かかる使命を果たすために、ここに「京大人文研東方学叢書」を刊行し、今日の京都学派の成果を一般に向けて公開することにしたい。

第一期世話人　冨谷　至

（平成二十八年十一月）

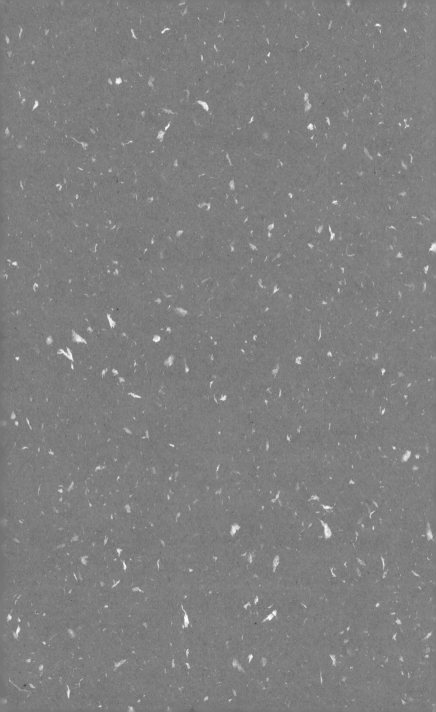